LE GARÇON QUE JE N'ATTENDAIS PAS

Avis aux lecteurs

Vous êtes nombreux à nous écrire
et nous vous en remercions.
Pour être sûrs que votre courrier arrive,
adressez votre correspondance à :

Bayard Éditions
Collection Passion de lire
3 / 5, rue Bayard
75008 Paris.

Et bravo pour votre Passion de lire !

ILLUSTRATION DE COUVERTURE
JERRY FAYARD
D'APRÈS UNE PHOTO DE
AGNÈS CHAUMAT

ADAPTATION
ANAÏS BERGER

Cœur Grenadine

LE GARÇON QUE JE N'ATTENDAIS PAS

BARBARA CONKLIN
TRADUIT DE L'AMÉRICAIN
PAR NELLY ZEITLIN

Deuxième édition

PASSION DE LIRE
BAYARD POCHE

Titre original
SWEET DREAMS®
The summer Jenny fell in love

Loi n° 49-956 du 16 juillet 1949
sur les publications destinées à la jeunesse
Dépôt légal juillet 1999

ISBN : 2 227 738 29 4

Prologue

Et voilà, je suis cloîtrée à la maison… pour ranger ma chambre, à seize ans ! Maman exagère. En plus, il fait un temps magnifique, ce week-end. La Californie comme on l'aime : ciel bleu et soleil brûlant. Tout le monde va aller à la plage. Sauf moi !

Ce matin, en m'apportant mon petit déjeuner au lit – toasts et marmelade d'orange, j'adore –, ma mère a trébuché sur l'énorme carton qui encombre le passage.

Elle s'est mise en colère :
– Il y a des mois que je t'ai demandé de le vider, Jenny ! Qu'est-ce que tu attends ? Je te donne deux heures pour mettre de l'ordre. Passé ce délai, c'est moi qui m'en chargerai. Le contenu du carton filera directement à la poubelle !
Et, après avoir posé le plateau sur la table, elle est sortie en claquant la porte. Vlan !
Inutile de discuter. Je m'attaque donc au fameux carton dès mon petit déjeuner avalé. Il est plein à ras bord : grandes planches de bandes dessinées, tubes métalliques pour monter un stand, pot rempli d'une drôle de pâte rougeâtre, fleurs de tournesol séchées… Il y a même un faux ongle dans une petite boîte.
Pour moi, ces objets sont un véritable trésor : les souvenirs de l'été dernier. Avec mille précautions, je les étale par terre.
Et je me retrouve un an plus tôt…

Chapitre 1

C'était le début des grandes vacances. Pour moi, il n'était pas question de partir. Nous habitons une grande maison, dans une petite ville au bord de la mer, Sandcastle, et il suffit de franchir quelques mètres pour se retrouver sur une immense plage de sable fin. Mon programme était organisé : un petit boulot le matin pour me procurer de l'argent de poche, détente et bronzage l'après-midi.

Tout allait donc pour le mieux. Jusqu'au jour où…

Nous terminions de déjeuner. Je débarrassais la table pendant que maman et ma grand-mère buvaient leur café. Nous habitons ensemble, toutes les trois.
– Je vais prendre des locataires, annonça maman.
– Quoi ? criai-je.
Plus calme, Mamy demanda :
– Qui ?
– Il s'agit d'Ellen Morrow et de son fils.
Et comme nous restions sans voix, maman ajouta :
– Vous savez, cette charmante jeune femme qui est venu de Philadelphie il y a quelque temps et travaille avec moi au bureau. Elle n'arrive pas à trouver d'appartement.
– Avec tout ce qu'on construit partout, en abîmant la nature au passage, rétorqua Mamy, il y a pourtant le choix !
– Elle n'a pas de gros moyens. Divorcée avec un enfant à sa charge, tu penses que…
– Oui oui, l'interrompit ma grand-mère, j'imagine… N'empêche que tu aurais pu

m'en parler avant. Après tout, cette maison est aussi la mienne !

Maman plaida sa cause :

– Je sais. Mais en acceptant, on fait d'une pierre deux coups : on rend service à Ellen et, avec le loyer, on arrondit nos fins de mois… plutôt difficiles, je te le rappelle !

– Vu sous cet angle…, dit ma grand-mère.

Elle cédait déjà ; moi, j'éclatai :

– Tu vas l'installer où, ta copine ? Toute la place est occupée !

– On se débrouillera, Jenny. Maintenant que tu as investi le petit salon, on peut donner ton ancienne chambre à Ellen. Quant à son fils, il s'installera dans la pièce au-dessus du garage.

– Dans mon laboratoire… ?

Si je ne m'étais pas retenue, j'en aurais trépigné :

– Et où je ferai mes expériences, moi ? J'ai besoin de cet endroit, tu le sais ! Si je ne peux plus m'exercer, comment veux-tu que je devienne une grande chimiste ?

J'ajoutai en hurlant presque :

– Maman, tu es en train de briser ma carrière !

– Je ne brise rien du tout, répondit-elle

d'une voix fatiguée. On aménagera un coin dans ta chambre pour ton matériel. En poussant le placard, on peut libérer tout un mur et…

Je l'interrompis, furieuse :

– Pas question ! Rien ne bougera ! Je veux garder tout comme je l'ai arrangé !

Maman devint toute rouge :

– Ça suffit, Jenny ! s'écria-t-elle brusquement. Cesse de te comporter comme une gamine. À quinze ans, il serait temps que tu deviennes un peu raisonnable !

J'explosai :

– Depuis que j'ai huit ans, je n'entends que ça : deviens un peu raisonnable ! J'en ai marre, moi !

Sur ces mots, je m'élançai vers la porte, courus jusqu'à ma chambre, m'y enfermai… et j'éclatai en sanglots. La vie est injuste !

Mon père est mort quand j'avais trois ans. Il m'adorait, me dit-on, mais je ne me souviens pas de lui. Ensuite, maman et moi, nous sommes venues vivre chez mes grands-parents, ici, en Californie. Papy était formidable. Il aimait bricoler, rire et chanter ! Et il me racontait des histoires.

C'était lui qui avait aménagé la pièce au-dessus du garage, son atelier. Il y peignait des toiles magnifiques, pendant que je jouais à la poupée dans un coin. L'odeur de peinture me chatouillait le nez, c'était génial! Mais il a eu une crise cardiaque. Et nous sommes restées toutes les trois, Mamy, maman et moi.

Je hoquetai :

– Ras… le… bol!

Peu à peu, mes sanglots s'espacèrent; je séchai mes larmes. Il fallait regarder les choses en face (ou du bon côté) et être… raisonnable, eh oui! Finalement, notre maison était peut-être un peu grande pour nous trois… et trop chère! Le loyer des locataires tomberait à pic, effectivement. Il éviterait à maman des heures supplémentaires au bureau. Moins fatiguée, elle pourrait m'aider dans mes devoirs, m'accompagner au cinéma ou jouer au Trivial Pursuit…

Un coup discret à la porte interrompit mes réflexions.

– Jenny?

C'était la voix inquiète de Mamy.

– Es-tu toujours fâchée? Écoute, ma

chérie, on va discuter de tout ça. Et si tu ne veux pas cohabiter avec des locataires, on trouvera une autre solution…

Je lui ouvris en m'essuyant les joues d'un revers de main :

– Ne t'en fais pas. Ça va mieux. J'ai réfléchi. OK pour qu'on transforme la maison en pension de famille.

J'ajoutai avec un sourire en coin :

– Mais qu'on ne compte pas sur moi pour faire des sourires, ou pour servir à table avec un tablier blanc !

Chapitre 2

Le lendemain, je me levai assez tôt. C'était le premier jour de mon job d'été. Avec Tina, une petite brune, et Joann, une grande blonde, mes meilleures amies, nous avions décidé de gagner notre argent de poche ensemble. On avait énuméré toutes les possibilités : garder des enfants – mais quelle famille aurait besoin de trois baby-sitters à la fois ? –, serveuses dans un fast-food ou promeneuses de chiens… Il fallait avouer

que, à part passer l'aspirateur, repasser nos tee-shirts et nettoyer les vitres, on ne savait pas faire grand-chose ! Et Tina avait eu le déclic : justement ! On allait proposer nos services aux hôtels. Avec l'affluence des touristes, les femmes de ménage devaient être débordées ; on leur donnerait un coup de main ! Aussitôt dit, aussitôt fait ! « Les Fées du nettoyage » étaient nées.
Aidées par le père de Tina, qui travaille dans la publicité, nous avons réalisé un prospectus super. Sous un slogan en gros caractères « Là où elles passent, la saleté s'efface ! », trois fées chevauchaient des balais. Le papa de Tina avait utilisé des photos de chacune d'entre nous pour les têtes. En bas figurait le numéro de Joann, la seule à disposer d'un fax et d'un répondeur.
Pleines d'enthousiasme, nous avions déposé nos prospectus dans les boîtes aux lettres de tous les hôtels et motels alentour… Et trois jours plus tard, M. Bronstein, patron du motel L'Océan, nous proposait un travail à mi-temps !
Le rendez-vous était fixé à 9 heures pile – M. Bronstein avait beaucoup insisté sur

la ponctualité –, et il était déjà 8h20. En faisant vite, ça devait coller.
Joann n'habitait pas très loin de chez moi. Ses parents étaient divorcés, et elle vivait avec sa mère dans une petite maison blanche entourée d'arbustes.
Après avoir traversé la pelouse au pas de charge, je me pendis à la sonnette. Driiing, driiing, driiing ! Pas de réponse. DRIIIIING ! Je sonnai, résonnai, reresonnai... Rien ! La mère de Joann était sûrement déjà partie au travail, mais elle, qu'est-ce qu'elle fichait ?
Mademoiselle dormait, tout simplement ! Elle m'ouvrit la porte pieds nus, les yeux bouffis de sommeil, bâillant à s'en décrocher la mâchoire.
– Keskispasse ? bafouilla-t-elle. Le réveil n'a même pas sonné...
Je l'aurais mordue... mais je gardai mon calme :
– Joann, écoute-moi bien, dis-je, les dents serrées, il est 8h37. Tu as exactement quatre minutes et demie pour prendre une douche, t'habiller, te brosser les cheveux et te laver les dents. À ta place, je m'activerais sérieusement.

Elle revint bientôt, tiraillant sur son bermuda tout en essayant d'enfiler ses tennis sans dénouer les lacets.

On piqua un sprint pour rejoindre Tina qui faisait les cent pas devant son immeuble.

D'une voix entrecoupée par l'effort de la course, je leur racontai mes malheurs :

– Les filles… il m'arrive… une cata… strophe ! Des loca… tai… res chez moi !

Elles n'eurent pas le temps de commenter la nouvelle ; on arrivait devant le motel L'Océan. Raide comme un piquet, M. Bronstein nous attendait dans le hall.

– Mesdemoiselles, vous avez sept minutes de retard, dit-il sèchement. Passe pour cette fois. Mais tout nouveau retard entraînera une retenue sur votre salaire.

Chapitre 3

Il y avait déjà deux semaines que les Fées du nettoyage passaient leurs matinées à frotter les parquets, vider les corbeilles, laver les vitres et cirer les meubles quand Ellen Morrow emménagea chez nous avec son fils, Cliff. Elle était petite et mince, et les cheveux blonds frisés qui voletaient autour de son visage lui donnaient un air d'enfant espiègle. Quant au fiston... ça alors ! Je m'attendais à un morveux sur skate-board... et il était au moins aussi vieux que moi. Grand à n'en plus finir (une véritable asperge), il avait une tête plutôt agréable avec des yeux sombres en amande, qui contrastaient avec ses cheveux clairs, un nez tout droit et un joli menton carré... Mais sa coupe au bol était franchement ringarde !

Maman nous présenta et Cliff m'adressa un sourire timide. J'avais envie de lui parler, de lui demander comment il trouvait Sandcastle, dans quel lycée il était inscrit, quels étaient ses sports favoris, etc. Mais je me retins : c'était un intrus ! Il allait désormais occuper mon laboratoire chéri ! Il m'avait volé mon territoire, éjectée de chez moi ! On ne fraternise pas avec l'envahisseur.

Avant son arrivée, maman et moi avions déménagé tout mon matériel dans la petite resserre à l'arrière de la cuisine. Je n'étais pas trop mal installée, et je pourrais poursuivre mes expériences. N'empêche ! je regrettais mon laboratoire au-dessus du garage. Sa grande baie vitrée donnait sur le jardin et, quand on se penchait un peu, on apercevait un petit morceau d'océan.

Mamy m'avait communiqué sa passion. Chimiste dans un laboratoire de cosmétologie avant de prendre sa retraite, elle élaborait des crèmes et des produits de beauté. Maintenant, elle continuait ses recherches en travaillant avec des produits naturels. Elle était à fond pour la sauvegarde de la nature. D'après elle, les pétales de fleurs, les écorces, les champignons ou les enveloppes des fruits détenaient quantité de propriétés encore inexploitées.
Toute petite, je cherchais déjà à l'aider en remuant ses préparations. Des odeurs bizarres s'échappaient des récipients et je me prenais pour une apprentie sorcière préparant une décoction magique.
Peu à peu, elle m'avait expliqué le « pourquoi du comment », le résultat recherché, les éléments qu'elle amalgamait... sa cuisine, quoi ! Du coup, je m'étais intéressée aux cours de chimie au lycée, et j'étais même devenue la meilleure de ma classe. J'avais attrapé le virus !
En vieillissant, Mamy avait préféré s'occuper du jardin où elle cultivait des tas de plantes, y compris celles qu'on appelle habituellement les mauvaises herbes.

J'étais chargée de leur récolte et de leur transformation. Je les réduisais en poudre dans des mortiers, je les mélangeais à de l'eau de source, je les chauffais et les malaxais… jusqu'à obtenir des produits de beauté vraiment efficaces et naturels, tant pour les femmes que les hommes, ou pour les peaux délicates des bébés. Je m'essayais même à la fabrication de pommades contre le vieillissement des cellules ! La préservation de la beauté était mon dada ; je me proposais aussi de fabriquer, un jour, des parfums et des eaux de toilette.

Alors, ce n'était pas ce grand dadais aux yeux de velours, cet intrus, qui allait m'empêcher de travailler !

Ellen Morrow avait loué une camionnette. Tout le monde s'affairait à décharger des meubles et des cartons. Installée dans un fauteuil, je feignais de lire en épiant pardessous les allées et venues.

Pas question de lever le petit doigt. Je faisais grève. Sur le tas. Pour prouver mon désaccord. C'était de bonne guerre, non ?

Chapitre 4

Je remontai dans ma chambre et j'essayai de m'absorber dans un livre de chimie. En vain. Je tendais malgré moi l'oreille vers les bruits du rez-de-chaussée. On s'agitait beaucoup. J'entendais des chocs, des frottements, des exclamations, et parfois des rires.

Renoncer à bouder et participer à l'emménagement au risque de perdre toute dignité ? J'étais tentée... Que faire ?

Maman m'apporta la réponse, en criant derrière la porte :

– Jenny, descends tout de suite à la cuisine ! Mamy a besoin de toi pour préparer le déjeuner.

Ma grand-mère était en train de préparer un repas mexicain. Elle confectionnait des tacos et des burritos, ces galettes de maïs en forme d'oreilles d'âne, fourrées de bonnes choses et accompagnées de différentes sauces.

Mamy ne fit aucun commentaire sur mon absence, mais je vis bien qu'elle était fâchée.

– J'ai presque fini, dit-elle d'un ton bref. Va mettre la table et ne te trompe pas : maintenant, nous sommes cinq.

Pas le temps de répondre. Cliff arrivait, le visage tout rouge et les cheveux hirsutes.

– Je peux donner un coup de main ?

Ma grand-mère s'adoucit aussitôt :

– Non, Cliff, tu as suffisamment travaillé pour aujourd'hui. Si tu allais prendre une douche ? Le déjeuner sera prêt dans dix minutes.

Lorsqu'il revint, il avait enfilé un jean propre et brossé ses cheveux. On aurait dit un petit garçon sage qui a grandi trop vite.

Au moment de se mettre à table, maman nous attribua nos nouvelles places. Mamy siégeait à une extrémité ; maman était à l'autre bout, avec Ellen Morrow à sa droite, Cliff et moi à sa gauche.
Nous étions tous un peu gênés de nous retrouver là, ensemble pour la première fois. Maman essaya de détendre l'atmosphère en lançant des plaisanteries, mais dès qu'elle arrêtait de parler, un silence à couper au couteau s'installait.
Mamy tendit les burritos à Ellen Morrow en lui recommandant :
– Servez-vous copieusement. Après tous ces efforts physiques, vous devez mourir de faim !
Ellen remercia et remplit son assiette.
– À toi, maintenant, Cliff, dit ma grand-mère en me passant le plat sous le nez. Honneur aux travailleurs !
Ça, c'était Mamy tout craché ! Quand elle n'était pas d'accord avec quelqu'un, elle avait une manière bien à elle de le lui faire savoir… sans en avoir l'air.
Cliff tendit son assiette en direction du plat… et plaf ! Un burrito s'écrasa mollement sur la table. Le rouge de la sauce

tomate se mêla au jaune des oignons sur la belle nappe blanche.
Je ne pus réprimer un gloussement nerveux.
– Ce n'est pas grave, intervint rapidement Mamy. Attends, je vais te servir.
Elle déposa elle-même deux burritos dans l'assiette de Cliff.
– Prends aussi des tacos, proposa maman. Un grand gaillard comme toi…
Elle n'eut pas le loisir de terminer sa phrase. Cliff avait laissé tomber un taco dans son verre d'eau, qui se renversa, noyant le burrito déjà répandu sur la nappe. C'était trop ! À la vue de Cliff, écarlate, je fus prise d'un fou rire incontrôlable.
– Jenny, calme-toi, veux-tu ! lança maman. Toi aussi, tu es parfois terriblement maladroite. Si je faisais le compte de toute la vaisselle que tu as cassée il n'y a pas si longtemps…
Mortifiée, je piquai du nez dans mon assiette. C'était vrai : à quatorze ans, j'avais grandi d'un seul coup et j'avais eu l'impression que mon corps m'échappait ; je me cognais partout, je laissais tomber tout ce que j'avais dans les mains. À cette époque-là, je m'étais sentie vraiment moche et

gourde… et je n'aimais pas qu'on me le rappelle !

Après cette mise au point, le repas se poursuivit à peu près normalement. Cliff avala environ trois carafes d'eau en bafouillant qu'il n'avait pas l'habitude de la nourriture épicée, mais il ne renversa plus rien sur la nappe. Puis tout le monde aida à débarrasser. Ensuite, maman décréta que « les enfants » étaient de corvée de vaisselle.

Après avoir rempli les bacs, je tendis un torchon à Cliff. Je l'épiais du coin de l'œil, guettant l'incident, verre cassé ou assiette en miettes. Mais, bizarrement, il essuyait la vaisselle avec des gestes rapides et sûrs, comme s'il avait fait cela toute sa vie. Puis il regarda sa montre :

– Je n'ai pas trop de temps. J'ai trouvé du travail chez Benny's, une pâtisserie pas loin d'ici, et je vais être obligé de filer.

– Je connais cette boutique. Qu'est-ce que tu vas y faire ?

– Des beignets. La pâte est toute préparée. Il faut juste faire des portions et les jeter dans la friture. Ensuite, on les récupère et on ajoute de la crème, du sucre ou de la confiture.

Je me mis à rire :
– Fais gaffe de ne pas t'ébouillanter !
Il prit un air vexé :
– Sois tranquille, je vais faire attention. Et, de toute façon, je ne compte pas rester longtemps chez Benny's. J'attends une lettre de mon père. Bientôt, j'irai vivre avec lui.
Je tombai des nues :
– Tu n'as pas l'intention de rester avec ta mère ?
– Non. Papa a dit qu'il me reprendrait dès qu'il aurait trouvé une place fixe. Il travaille dans l'informatique. Ces derniers temps, il faisait des remplacements et il changeait souvent d'endroit. Mais on lui a promis un poste à Philadelphie et, aussitôt qu'il sera installé, j'irai le rejoindre.
La vaisselle se terminait. Je proposai (aimablement) à Cliff d'essuyer moi-même les derniers couverts pour qu'il ne soit pas en retard.
En réalité, je n'avais pas envie qu'il voie à quel point la nouvelle de son départ prochain me réjouissait. J'en aurais dansé et chanté ! Bientôt... bien-tôt-ô-ôt... j'allais retrouver mon labo-o-o !

Chapitre 5

Tandis que Cliff confectionnait ses premiers beignets, Joann, Tina et moi avions prévu d'aller au cinéma. Ici, pendant la période des vacances, on ressort plein de vieux films, et moi j'adore ça.

Ce jour-là, le programme était nettement décevant. Il s'agissait d'un film d'horreur, avec des sauterelles géantes dont les énormes mandibules broyaient tout sur leur passage. Je décrochai très vite et m'intéressai à ce qui se passait deux rangs devant. Avant que la lumière ne s'éteigne, j'avais repéré Benjamin Osborne dans la salle, assis à côté de Linda, sa petite amie. Ah ! Benjamin... qu'il est beau ! Il fait du surf tous les jours, et il a le teint hâlé hiver comme été. Fils du plus gros industriel de la région, il succédera plus tard à son père, mais, avec son physique, il pourrait tout aussi bien envisager une carrière de top model ou d'acteur.

Linda fréquente le même lycée que moi. Pas prétentieuse du tout, elle n'a pas l'air de se rendre compte que tout le monde l'envie.

Moi, je n'avais pas de petit ami. Parfois, cela me manquait.

Que ressent-on quand on s'embrasse pour de vrai ? Ça m'intriguait. Enfin... plus que ça, même ! À vrai dire, je rêvais du Prince charmant... mais sans l'imaginer vraiment. C'était un peu vague, dans ma tête. Je trouvais que la plupart des filles devenaient idiotes quand elles étaient amoureuses : elles passaient leur temps à se contempler dans la glace ou à parler de leur copain, et ne s'intéressaient plus à rien d'autre !

Pendant les trois quarts de la séance,

Benjamin et Linda se bécotèrent.
– Et si on allait faire un tour en ville pour voir les boutiques ? proposa Tina dès que nous fûmes dehors.
– D'accord, répondit Joann, mais juste pour le plaisir. Pas question de dépenser mon argent de poche !
Après une tournée de lèche-vitrines, Tina craqua et s'acheta un caraco en satin. Puis nous traînâmes dans un magasin de disques pour écouter les derniers hits.
À la fin de la journée, mes pieds étaient en compote, ceux des autres, aussi. Et, affalées sur les banquettes de Chez Joe, la cafétéria à côté du lycée, on commanda des sodas.
Tina ouvrit son paquet et admira son acquisition :
– Avec cette merveille sur le dos, lança-t-elle en rigolant, plus aucun garçon ne pourra me résister. Voyons, lequel me conseillez-vous ? Quel est, d'après vous, le jeune homme le plus séduisant de Sandcastle ?
– Idiote, tu connais la réponse aussi bien que moi, s'exclama Joann. Le seul, le beau, le vrai, le roi de notre ville, c'est Benjamin Osborne !

Et, horreur ! J'aurais voulu disparaître sous terre : Benjamin venait d'entrer dans la cafétéria et il se trouvait juste derrière elle ! Il fit semblant de n'avoir pas entendu. Décochant un des sourires charmeurs dont il a le secret, il s'adressa à moi :

– Jenny, je peux te parler une minute ?

Je me levai si vite que je heurtai la banquette. Ça alors ! Que pouvait-il avoir à me dire ?

Il m'attrapa par le coude et m'entraîna au-dehors.

– Écoute, Jenny, dit-il en s'adossant à la porte, nous nous connaissons depuis longtemps, même si nous avons rarement l'occasion de nous parler. Je t'invite à sortir samedi prochain… si tu veux.

Quoique complètement estomaquée, je réussis quand même à balbutier :

– Et Linda ? Je vous ai vus au cinéma tout à l'heure…

Il se rembrunit :

– Ah, tu étais dans la salle ! Eh bien, tout est fini entre nous. Après la séance, nous nous sommes disputés et nous avons décidé de rompre.

Est-ce que cette séparation l'attristait? Ça n'en avait pas l'air! Il parlait sur un ton totalement plat. S'il m'avait raconté qu'il venait de crever un pneu, il y aurait eu plus d'émotion dans sa voix.
Moi, je me sentais perdue. Malgré mon rêve imprécis de Prince charmant, il ne me serait jamais venu à l'idée que ce jeune homme si beau et si riche m'inviterait un jour…
Quand, dans les contes de fées, le prince tombe amoureux de la pauvre bergère, tout le monde trouve cela merveilleux. Mais la bergère pourrait préférer continuer à s'occuper de ses moutons plutôt que de le suivre dans son magnifique château, après tout!
En tout cas, moi, j'en étais là. J'étais une bergère bien embêtée… Et Benjamin qui attendait ma réponse! Je devais trouver quelque chose.
– Je vais réfléchir…, commençai-je.
Je me rattrapai :
– Non, c'est pas ça! Mais je ne suis pas sûre d'être libre samedi prochain. Il me semble que maman avait prévu une sortie.
– Très bien. Je te téléphonerai vendredi

après-midi et tu me donneras ta réponse. Ciao !
Je restai là à le regarder sauter dans sa petite voiture de sport et démarrer en trombe.

Chapitre 6

Je rejoignis mes amies dans un état second. Était-ce un rêve ou… un cauchemar ?
Joann et Tina me ramenèrent vite à la réalité. Elles bouillaient d'impatience et elles me demandèrent en chœur :
– Alors, qu'est-ce qu'il t'a dit ? Raconte…
Et, tout à coup, la situation commença à m'amuser. Je décidai de les mettre sur le gril :
– Qui ça ? Ah oui, Benjamin ! Rien de spécial…

Tina s'énerva :
– Tu nous prends pour des idiotes ? Vous êtes restés dix bonnes minutes dehors. Ce n'était sûrement pas pour parler de la pluie et du beau temps. Maintenant, tu passes aux aveux…
– Eh bien, figurez-vous que Benjamin Osborne a été soudain ébloui par ma beauté. Il souhaite m'épouser et espère rencontrer bientôt ma mère pour faire sa demande officielle.
Tina eut l'air tellement agacée que j'interrompis le jeu.
– Bon, d'accord, nous n'en sommes pas encore aux fiançailles…
Et je lançai triomphalement :
–… mais il m'a quand même proposé de sortir avec lui samedi prochain !
Mes copines en restèrent une seconde abasourdies.
– On peut dire que tu as de la veine ! finit par s'exclamer Joann. Toutes les filles se donnent un mal de chien pour essayer de séduire Benjamin Osborne, et toi, il te fixe rendez-vous sans que tu te fatigues ! Mais, dis donc, quelle tenue vas-tu mettre ?
C'était le hic ! Je regardai mes amies avec des yeux de noyée.

– Ce n'est pas un problème, intervint Tina. J'ai plein d'affaires un peu grandes qui t'iront très bien.
Elle se rengorgea :
– Étant donné l'importance de l'événement, je vais faire preuve d'une générosité exceptionnelle : Jenny, je te prête mon petit haut tout neuf.
– C'est gentil..., balbutiai-je.
– J'espère que tu apprécies ce geste à sa juste valeur et que tu te rends compte de l'effort qu'il représente, insista-t-elle en ne plaisantant qu'à moitié.
– Oui, oui.
J'étais ébahie. Joann et Tina n'envisageaient pas une seconde que je puisse refuser la proposition de Benjamin. À leurs yeux, j'allais réaliser le rêve de toute fille normale habitant Sandcastle. Et pas jalouses pour un brin, elles se comportaient en vraies copines et s'efforçaient de m'aider à saisir ma chance.
Je sautai au cou de Tina et lui promis, en échange, d'éviter pendant au moins une semaine de l'appeler la Petite, surnom gentil, d'après moi, mais qui avait le don de l'exaspérer.

Peu à peu, je me sentis gagnée par l'enthousiasme : Benjamin Osborne, mon premier amoureux... Quelle classe ! Il m'inviterait au restaurant, m'emmènerait faire du surf, me présenterait à ses amis. J'allais découvrir un univers totalement inconnu et, sans doute, m'embrasserait-il !

À cette idée, je fus prise de panique :

– Vous croyez que je vais être à la hauteur ? bredouillai-je. Si je ne trouve rien à lui dire avant et après le cinéma... ? De quoi je pourrais lui parler ? Qu'est-ce qui peut intéresser Benjamin Osborne ?

Mes amies se plongèrent dans une profonde réflexion. Puis :

– En tout cas, évite de le bassiner avec tes essais de produits de beauté, me conseilla Joann. Une fois lancée sur ce thème, tu t'emballes et tu n'arrives plus à t'arrêter !

De là à m'assener que je la rasais régulièrement avec mes discours, il n'y avait qu'un pas. Mais je ne me vexai pas. Ce n'était pas le moment : il y avait urgence !

– Bon. Si ma passion est un sujet tabou, qu'est-ce que vous me suggérez ?

– Méfie-toi, enchaîna Tina, des problèmes sociaux, comme le chômage, vous risqueriez

de vous disputer très vite. Pareil pour la musique : s'il aime la techno et qu'il découvre que tu ne jures que par le rap... Non, ce qu'il faudrait, c'est trouver quelque chose qui l'intéresse et qui, en même temps, ne risque pas de vous opposer.
Joann poussa un cri de victoire :
– Ça y est, j'y suis : tu vas lancer la conversation sur le sport !
– Impossible, je suis totalement nulle dans ce domaine.
– Tant mieux, cela t'évitera d'avoir envie de le contredire. Mais il faut quand même avoir l'air de t'y connaître. Allez, au travail !
Mon enthousiasme était complètement tombé et je me sentis découragée. Si en une semaine je devais ingurgiter toutes les règles du base-ball, du basket ou du hockey et, en plus, connaître les noms des principales équipes, ça me refroidissait ! Les premiers flirts entraînaient-ils toujours autant de complications ?

Chapitre 7

Le vendredi matin, je me trouvais à la cuisine, plongée dans un magazine sportif, quand Cliff me rejoignit. Il parut surpris par ma lecture, mais il ne dit rien. Ce fut moi qui remarquai :

– Tu te lèves drôlement tôt aujourd'hui. Je croyais que tu travaillais seulement l'après-midi ?

Après avoir soigneusement beurré son toast, il s'assit en face de moi.

– Mes horaires ont changé, m'annonça-t-il. Et je ne fabrique plus de beignets. Parce que j'ai eu une idée géniale.
J'ironisai :
– Si tu le dis…
Il ne releva pas ma réflexion désagréable.
– J'ai pensé, poursuivit-il, qu'on pourrait proposer des supersalades pour le déjeuner.
Il était emballé par son idée, ses yeux brillaient. Mais je demandai du bout des lèvres :
– Des salades… et alors ?
– Alors j'en ai parlé au propriétaire, et il m'a lancé un défi : pendant deux semaines, je m'occuperai de la préparation et de la vente de ces salades. Ensuite, on fera le bilan. Il a dégagé un espace spécialement pour moi dans les cuisines et dans le magasin.
Stupéfaite, j'en fermai mon magazine :
– Mais ça ne te fait pas peur ? Tu sais cuisiner ?
Cliff haussa les épaules :
– Cuisiner, c'est beaucoup dire. Pour commencer, j'ai proposé un mélange super qui fait fureur à Philadelphie. Je viens de potasser des recettes que je vais adapter, en

y ajoutant des trucs d'ici, des quartiers de vos pamplemousses de Californie, par exemple. Si tu as des idées, elles seront les bienvenues...

Comme il me prenait de court, je détournai la conversation :

– Et tu les sers dans quoi, tes salades ?

– Justement, c'est un de mes problèmes. Pour l'instant, je les mets dans des barquettes, mais j'ai imaginé un système plus rusé. Tu veux que je te montre ?

Sans me laisser le temps de répondre, Cliff fouillait déjà dans la poche arrière de son jean. Il en sortit un papier couvert de schémas.

– Regarde, je me suis inspiré des plateaux utilisés dans les avions. Les miens ont des creux plus importants spécialement prévus pour la salade, mais aussi des cavités où s'encastrent les couverts et un gobelet. Il y a aussi des emplacements pour les petits pains et la serviette. Ils seront recouverts d'un film en plastique, ça permettra de transporter son repas jusqu'au bureau ou dans un parc en toute sécurité. En plus, ils peuvent être réalisés dans plein de couleurs différentes.

J'avais un peu de mal à interpréter ses dessins, mais l'idée me parut très astucieuse. Chapeau !

– Tu as dû passer un temps fou pour imaginer tout cela ! Moi qui pensais que ton job te servirait juste à gagner un peu d'argent.

– Moi aussi. Et puis, je me suis pris au jeu. Maintenant, j'ai presque peur de trop m'y investir. Puisque, bientôt, je vais repartir pour Philadelphie...

Je ne répondis pas. Le silence s'installa entre nous, chacun mâchouillant ses toasts, les yeux dans le vague. Cliff reprit la parole le premier :

– Dis donc, tu sais jouer aux dames ? Ça te dirait de disputer une partie avec moi demain soir ? Ne t'en fais pas, je ne suis pas vraiment un as. Tu risques même de me battre à plate couture.

Je me sentis rougir.

– J'aime bien les dames, mais pour demain ce n'est pas possible. J'ai un rendez-vous... euh... hyper-important.

Nos regards se croisèrent, puis il détourna le sien.

– Tant pis pour moi, marmonna-t-il. Allez, faut que je file. Salut !

Au cours de la journée, je repensai plusieurs fois à notre conversation. Surprenant, ce Cliff ! Sous ses airs d'empoté, il était en fait très dégourdi. S'il ne repartait pas tout de suite, nous pourrions être amis…

Ce début d'entente vola en éclats le soir même.
Me croyant seule, je m'étais appliqué sur le visage un masque aux herbes et aux épinards. Une de mes inventions. Elle devait m'assurer un teint resplendissant pour mon tête-à-tête avec Benjamin, le lendemain. Je m'installai devant la télévision, la figure badigeonnée.
Je n'entendis pas la porte s'ouvrir. Mais, à un bruit de pas dans mon dos, je tournai la tête. Cliff ! En m'apercevant, il poussa un hurlement d'horreur. Son cri me fit sursauter, je heurtai le récipient dans lequel reposait le reste de la pâte verte qui se répandit par terre, en éclaboussant le kilim que maman avait rapporté de Turquie.
Je me précipitai dans la cuisine à la recherche d'une cuvette et d'une éponge. Quand je revins au salon, Cliff se tordait de rire.

Sans un mot, j'entrepris de frotter énergiquement le tapis. Malgré tous mes efforts, une auréole jaunâtre marquait le kilim.
Le rire de Cliff s'apaisait peu à peu. Mais quand il me vit à quatre pattes, mon masque vert dégoulinant sous l'effet de la transpiration, sa crise reprit de plus belle.
Entre deux hoquets, il tenta de se justifier :
– Excuse-moi, mais je ne peux pas m'en empêcher… Si tu te voyais… Une grenouille, tu as l'air d'une grenouille en plastique !
– Charmant ! tu sais vraiment trouver les mots qui font plaisir ! En attendant, je me suis cassé un ongle à force de m'escrimer, et toi, tu te tords comme une andouille ! Pourtant, c'est ta faute…
La rage me submergea brusquement.
– Tu as commencé par me voler mon laboratoire, vociférai-je, et puis tu t'es attaqué au reste ! C'est incroyable le nombre de taches apparues dans cette maison depuis que tu y habites. Si tu ne t'en vas pas rapidement, je n'oserai bientôt plus inviter mes amies tellement l'endroit sera devenu dégoûtant !
Cliff se calma d'un seul coup. Il gagna la

porte, droit comme un I, et sortit en la claquant violemment.
En plus, il faisait du bruit ! Je m'acharnai, furieuse, sur la tache. En vain. J'étais vraiment en colère… mais surtout contre moi, maintenant. Jamais je n'aurais dû lui balancer ces méchancetés ! Une fois de plus, je m'étais laissée emporter par mon caractère de cochon. Je finis par abandonner le tapis à son triste sort, en espérant que la trace s'effacerait en séchant.
Je passai dans la salle de bains pour me nettoyer le visage et je poussai un cri : une grenouille en plastique me contemplait, les yeux agrandis par l'effroi !

Chapitre 8

Dès le lendemain matin, je pris une ferme résolution : oublier cet incident peu glorieux pour me concentrer sur la soirée. Grâce au ciel, je n'étais pas de service au motel, mais je devais réviser mon « examen sports » : imbattable sur les matchs de hockey, j'avais encore des lacunes sur les équipes de base-ball.
Surtout, toute affaire cessante, il fallait réparer la « casse ».

J'ai des cheveux trop frisés, un nez court et des oreilles pas assez plaquées. Ma poitrine est ridiculement plate, mes bras sont très longs, mes pieds… immenses.
Mais je suis fière de mon teint mat et surtout, surtout, de mes mains. Longues et fines, elles ont des articulations un peu marquées et des ongles très allongés. Maman dit que j'ai des mains d'artiste, comme mon père.
Depuis une semaine, je les avais bichonnées en prévision du fameux samedi. Je les avais nourries de crème hydratante, j'avais limé les ongles, dégagé les lunules, posé du vernis incolore… autant mettre ses atouts en valeur ! Cependant le chef-d'œuvre était gâché par l'ongle de mon index brisé de travers.
Je poussai la porte d'une parfumerie et la vendeuse m'aida dans mon choix. Je lui fis part de mes craintes – combien coûtent les faux ongles ? comment les pose-t-on ? est-ce qu'ils se décollent dans l'eau ? – avec tant de nervosité qu'elle finit par me proposer de le poser elle-même.
Je profitai de l'occasion pour l'interroger, pendant qu'elle opérait, au sujet des crèmes

de beauté disponibles dans son magasin : leur consistance, leur teneur en acides de fruits, les autres composants, les effets observés, etc. Cela me permit de faire des comparaisons avec mes propres préparations. Quand je me levai pour partir, la vendeuse avait l'air terriblement fatiguée.
Après cette pause beauté, les courses pour maman (oranges, corn flakes, lait en poudre, saucisses et chocolat) furent expédiées en deux temps trois mouvements.
En prenant le bus pour rentrer, je tombai sur le chauffeur qui conduisait autrefois le car qui m'emmenait à l'école ; il me tapota gentiment la joue, puis me demanda des nouvelles de toutes mes camarades.
Parfois, j'avais la triste impression de connaître tous les habitants de la ville. Dans ma rue, plus aucun chien n'aboyait quand je passais. C'était à la fois rassurant et un peu ennuyeux.

Maman aussi avait prévu une sortie ce soir-là. Elle allait au théâtre avec Russell, son amoureux depuis plusieurs années déjà. Mamy aurait aimé qu'ils se marient, mais maman ne semblait pas pressée.

Elle était plantée devant sa penderie, les bras ballants, quand j'entrai dans sa chambre. Ellen Morrow lui tenait compagnie, installée dans le fauteuil.

– C'est une véritable catastrophe, je n'ai plus rien à me mettre, soupirait maman.

Ellen se leva et inspecta le contenu de l'armoire :

– Cette robe bleue me paraît pourtant très jolie. Elle doit faire ressortir la couleur de tes yeux. C'est dommage, tu ne la portes jamais.

– J'ai grossi et je ne rentre plus dedans ! gémit ma mère. Même chose pour mon tailleur gris : impossible désormais d'attacher les boutons de la veste. Non, je crois que je vais renoncer à cette sortie. Aller au théâtre et au restaurant, c'est un peu la fête. Je ne peux quand même pas rester en jean et tee-shirt !

Découragée, elle s'affala sur le lit. Saisissant la robe bleue, Ellen se mit à l'inspecter soigneusement.

– Attends un peu, dit-elle, je crois que la situation n'est pas totalement désespérée. Si on défait les deux plis de poitrine, cela donnera de l'ampleur. Il y a suffisamment

de tissu dans les coutures pour gagner deux bons centimètres de chaque côté.
– Sauf que je ne sais pas coudre, murmura maman d'une voix chagrinée.
Ellen lui sourit :
– Laisse-moi faire, j'ai apporté ma machine. J'en ai pour cinq minutes !
Et elle disparut en emportant le vêtement.
Maman poussa un soupir de soulagement :
– Ellen est vraiment un amour. Chaque jour, je me félicite de lui avoir proposé de venir ici. Et toi, tu t'entends bien avec Cliff ?
Je me grattai la gorge, le temps de réfléchir à ma réponse.
– Eh bien, ça dépend des moments, finis-je par grommeler. Hier, il m'a traitée de batracien… Tu te rends compte ? Depuis, nous sommes un peu en froid… forcément.
Maman sourit, indulgente :
– Des enfantillages ! Je trouve que vous avez un peu le même caractère, tous les deux. Bientôt, vous serez de grands amis, tu verras.
Je la regardai d'un air sceptique, mais je ne répondis rien. Autant lui laisser ses illusions !

Chapitre 9

Benjamin devait venir me chercher à 20h30. Une demi-heure avant, j'étais déjà prête et, campée dans le hall, je me disposais à bondir dès que la sonnette retentirait. Ellen passa devant moi en me lançant un bonsoir rapide. Elle partait à une soirée de musique folk avec deux amies.

Mamy était invisible, mais j'entendais par moments des ustensiles s'entrechoquer et des effluves agréables me chatouillaient les

narines. Au début de l'après-midi, elle s'était lancée dans la fabrication de savons au thym et à la camomille, en annonçant :
– Puisque vous êtes tous absents ce soir, je vais en profiter pour investir la cuisine. Surtout, que personne ne me dérange !
À 20 h 29, les battements de mon cœur commencèrent à s'accélérer. À 20 h 35, une voiture s'arrêta devant la maison. Je courus à la porte. Déception : ce n'était que la vieille Ford de Russell.
Maman descendit le rejoindre. Sa robe bleue lui allait maintenant à ravir et elle était tout simplement resplendissante. Russell la contemplait d'un œil admiratif, mais, comme j'étais là, il se contenta de l'embrasser gauchement sur la joue.
– Jenny, me lança-t-elle par-dessus son épaule, tu dois être de retour à minuit au plus tard, d'accord ? Je compte sur toi.
Je marmonnai un vague oui et, après leur départ, je me regardai pour la dixième fois dans le miroir de l'entrée. Examen satisfaisant : mon brushing restait impeccable, mes lèvres étaient toujours soigneusement soulignées de rose et le rimmel demeurait sagement accroché à mes cils. À mon

index, le faux ongle ressemblait comme un frère aux vrais. J'étais belle comme une image. Rien à rectifier... mais je commençais à trouver le temps long. À 20 h 45 :

– Qu'est-ce qu'il fiche ? murmurai-je en allant vérifier le bon fonctionnement de la sonnette d'entrée.

À 21 h 10, je l'avais vérifié quatre fois. Un quart d'heure plus tard, j'appelai les réclamations pour signaler que notre téléphone était en panne. L'employé parut surpris, mais accepta de s'en occuper.

– Aucun dérangement sur votre ligne, bougonna-t-il quelque temps après. Ça vous amuse de faire des blagues ?

Ôtant mes sandales, j'allai m'affaler sur le canapé du salon. Il était 21 h 30. Une heure de retard. Je feuilletai un magazine datant de l'hiver dernier qui se couvrit tout à coup de points d'interrogation : qu'était-il arrivé à Benjamin Osborne ? un accident ?... une crise d'amnésie ?... à moins qu'il n'ait été victime d'un crime passionnel... ? Linda venait de l'assassiner sauvagement pour l'empêcher de sortir avec moi... qui sait ? J'imaginais déjà les gros titres quand le téléphone sonna. Il était 22 h 10. Je fis un

bond d'un mètre, je décrochai à la hâte… C'était lui !
– Jenny ? dit-il d'une voix mélodieuse. Tu ne m'as pas attendu jusqu'à maintenant, j'espère ? Figure-toi que je suis parti ce matin faire du bateau avec quelques amis. Nous nous sommes arrêtés sur une île et nous avons eu du mal à repartir car c'était un endroit divin. Allô, allô… Jenny, tu m'entends ? On dirait que la ligne est coupée…
Je grommelai :
– Non, non, je suis là et je t'écoute.
– Bon, très bien. Donc, je viens seulement d'arriver chez moi et je suis littéralement ex-té-nué. Nous nous verrons une autre fois, d'accord ? Malheureusement, ce ne sera pas pour tout de suite : je pars demain rejoindre l'un de mes oncles aux Caraïbes. Mais je t'appelle dès mon retour, promis.
Et, clac ! il raccrocha.
– Benjamin Osborne, est-ce qu'il t'arrive parfois de laisser aux autres le temps de parler ? demandai-je au téléphone.
Seul le signal « occupé » me répondit.
Vexée, déçue, furieuse : ça oui, je l'étais ! Mais pas triste. Et, c'était idiot, je ressen-

tais même un vague sentiment de soulagement. En réalité, la perspective de ce rendez-vous m'avait plus affolée que ravie. Je m'étais préparée le mieux possible à cette rencontre parce que j'étais très flattée d'avoir été remarquée par ce jeune homme si séduisant... qui, au fond, ne me séduisait pas spécialement.

Sans prendre le temps de me rechausser, je sortis dans le jardin, pour essayer de mettre un peu d'ordre dans mes pensées contradictoires. Le gravier de l'allée écorchait mes pieds nus. Je m'assis sous le citronnier planté autrefois par mon grand-père, près du portillon. Une brise douce soufflait de l'océan, l'air était plein de parfums. J'étais bien...

Soudain, le bois du portillon grinça... et Cliff s'étala par terre ; il venait de trébucher sur ma jambe. Il s'assit à côté de moi, complètement ahuri, en bafouillant :

– Excuse-moi, je ne t'avais pas vue, dans le noir. Qu'est-ce que tu fais là, toute seule ? Et ton rendez-vous important... ?

– Annulé ! lançai-je avec désinvolture. D'ailleurs, je pense qu'il n'était pas réellement important.

Je le regardai dans le blanc des yeux :
– Et toi, pourquoi rentres-tu si tard ?
– J'ai dû installer le rayon des salades chez Benny's, et ça m'a pris beaucoup de temps. J'ai travaillé comme une brute, sans m'arrêter pour dîner. Mais maintenant tout est en place, prêt pour le démarrage de l'expérience lundi midi.
– Super !
Allez savoir pourquoi, j'étais contente de trouver Cliff à mes côtés à ce moment-là. Le jour où il donnerait rendez-vous à une fille, il ne s'attarderait pas sur une île, lui, j'en étais sûre.
Jusque-là, je m'étais montrée plutôt désagréable avec lui, mais peut-être serait-il d'accord pour me pardonner.
D'un revers de main, j'ébouriffai sa drôle de coupe au bol et je me levai d'un bond :
– Et si on allait fêter tout ça devant un énorme hamburger ? Moi non plus je n'ai pas dîné, et j'ai une faim de loup ! Allez, viens, c'est moi qui t'invite !
Cliff eut un grand sourire... mais alors quelque chose lui tomba entre les pieds. Mon faux ongle. Horreur !
– Beurk, qu'est-ce que c'est que ça ?

demanda Cliff en saisissant l'ongle postiche entre le pouce et l'index.
– Donne-moi ça !
Je tâchai de le lui arracher, mais il m'en empêchait, le bras levé. L'ongle était éclairé par la lumière de la lune. Il était plein de colle et noir de terre.
– C'est à toi ? Franchement, je ne sais pas comment tu peux porter des trucs aussi répugnants ! s'esclaffa-t-il.
Moi, je glapis :
– Décidément, tu es le dernier des crétins ! Allez, tant pis pour le hamburger, je monte me coucher !
Et je m'enfuis à toutes jambes vers la maison.

Chapitre 10

Je passai une nuit épouvantable. Je rêvai que j'étais poursuivie par des légions de mille-pattes portant sur leurs dos de faux ongles en guise de carapaces. Mes forces déclinaient et les insectes gagnaient du terrain. Soudain, j'aperçus la mer au loin. Benjamin se tenait debout sur le pont d'un yacht blanc. J'essayai de l'appeler, mais aucun son ne sortait de ma gorge. Il agitait gracieusement un mouchoir rose dans ma direction, tandis que son bateau s'éloignait. Et les mille-pattes qui continuaient à ramper vers moi…

Je hurlai si fort que mon cri me réveilla. Mes draps étaient trempés de sueur. Je mis longtemps à me rendormir.

Au matin, mon impression de malaise n'avait pas disparu. Je me sentais toute bizarre, avec un vague mal au cœur. Comme mon petit déjeuner me pesait sur l'estomac, je partis marcher sur la plage. Le vent du large me fit du bien. J'étais à nouveau d'attaque. En revenant vers la maison, je passai devant le garage et levai machinalement les yeux vers mon ancien laboratoire…

– QUOI ?

Cliff était posté devant la fenêtre, face au chevalet de Papy !

Ah ! il ne manquait pas d'air, celui-là ! Mon sang ne fit qu'un tour. Je déboulai dans la pièce comme une furie :

– Qui t'a permis de toucher à ce chevalet ? C'est un souvenir de mon grand-père, tu n'as pas le droit de poser tes sales pattes dessus !

S'écartant de la toile qu'il était en train de

peindre, Cliff me jeta un regard glacial :
– Tu me prends pour un voleur ? Jamais je n'utiliserais quelque chose qui ne m'appartient pas.
Je me rendis compte alors que le chevalet sur lequel il travaillait était beaucoup plus petit et d'un bois plus foncé que celui de mon grand-père. J'avais l'air d'une idiote et ça me mit de mauvaise humeur.
– Bon. Ça va. Excuse-moi, mais tout le monde a le droit de se tromper, non ?
Sans répondre, Cliff reprit son pinceau et, me tournant le dos, il dissimula du même coup son tableau. Ma curiosité éveillée, je plaisantai lourdement :
– Allez, pousse-toi, monsieur le cachottier ! Laisse-moi admirer ton œuvre.
Il s'exécuta en haussant légèrement les épaules. Je ne pus retenir un sifflement d'admiration : le vieil homme qui me regardait avait une présence stupéfiante.
– Ce portrait est vraiment super ! m'écriai-je. Dis donc, tu es drôlement doué ! Tu veux devenir artiste peintre ?
Cliff semblait encore fâché.
– Je n'en sais trop rien, bougonna-t-il. Je peins depuis longtemps, pour le plaisir. Tu

as décidé, toi, quel métier tu vas choisir ?
Enfin quelqu'un qui n'était pas au courant de ma passion !
Du coup, je ne lui épargnai aucun détail : les vertus des plantes et des écorces, les crèmes, les décoctions, les essais, les ratés, les réussites... Tout, je lui dis tout.
Il m'écouta sans m'interrompre. Mais, lorsque je me tus un quart de seconde pour reprendre mon souffle, il en profita pour murmurer :
– Je comprends maintenant pourquoi tu m'en veux tellement d'occuper ton labo.
– T'inquiète ! je ne me déclare pas battue ! Je vais utiliser la resserre que nous avons installée, maman et moi...
Et, presque malgré moi, je lui révélai le projet qui me trottait dans la tête depuis quelque temps. Je n'en avais encore parlé à personne :
– J'ai intérêt à reprendre en vitesse mes expériences, parce que...
Et je lui expliquai, en long, en large et en travers, ce qui allait se passer dans notre ville.
Sandcastle organisait une compétition intitulée « La victoire de la vocation ». Tous les

jeunes âgés de quinze à vingt ans pouvaient y participer. Il s'agissait de monter un dossier et raconter en quelques pages son projet professionnel. Un jury étudierait ces dossiers et choisirait les vingt meilleurs.

– Tu te rends compte, Cliff? Un mois plus tard, les candidats sélectionnés participeront à une grande manifestation. Chacun d'eux aménagera un stand, en illustrant son projet avec des photos ou ce qu'il veut. L'exposition sera ensuite ouverte au public, et les visiteurs voteront pour le projet qui leur semblera le plus convaincant.

Je repris ma respiration avant de conclure :

– À la fin de l'exposition, le jury se réunira à nouveau. Il dépouillera les bulletins et proclamera les résultats.

– Et l'heureux élu gagne quoi? interrogea Cliff.

– Un prix magnifique : ses études seront entièrement payées. Tous ses frais sont pris en charge. Il pourra, par exemple, décider de partir dans un pays étranger si cela lui paraît intéressant pour ses recherches…

L'exposé avait été long, mais Cliff l'avait écouté avec attention.

– C'est super! s'exclama-t-il. Toutes les

villes devraient organiser ce genre de compétition. Alors, si je comprends bien, tu as décidé de tenter ta chance ?

– Mieux que ça : j'ai l'intention de gagner le concours.

Il eut un petit rire.

– Quelle épouvantable prétentieuse tu fais, Jenny ! Mais, le pire, c'est que tu es bien capable d'y parvenir !

Chapitre 11

C'est chouette, les amies ! Mises au courant de mon projet mirifique, Joann et Tina me promirent de me servir de modèles sur le stand de l'exposition si jamais j'arrivais en finale.

Je ferais des démonstrations de mes produits. Et, à chaque étape, le public pourrait constater les effets (formidables) obtenus par Jenny, la reine du cosmétique !

Jusqu'à présent, j'avais été mon seul

cobaye (quitte à avoir l'air d'une grenouille !). Je n'avais jamais testé mes préparations sur qui que ce soit d'autre. Mieux valait commencer à m'exercer très vite ! Joann vint chez moi le jeudi en fin d'après-midi pour me servir de mannequin, et elle arriva presque à l'heure, un véritable exploit !

J'étais en train de me livrer à une petite expérience : dans l'armoire de toilette, j'avais ramassé les rouges à lèvres dont maman et Mamy ne se servaient plus ; en tout, j'en avais collecté sept différents. Je les avais placés dans une casserole, mis à chauffer très doucement, en remuant le mélange avec une cuillère en bois et en y ajoutant quelques gouttes d'huile d'olive.

La pâte obtenue serait-elle assez fluide pour être étalée au pinceau sur les lèvres ? Et quelle teinte donnerait ce mélange de pigments ? Dans l'attente du résultat, j'étais très excitée !

– Waouh, quel magnifique vermillon ! s'exclama Joann. J'ai envie de faire un petit essai en l'appliquant avec les doigts. Je peux ?

– Arrête ! Tu risques une brûlure au troisième degré, au minimum. Et puis, le mélange est inutilisable pour l'instant. Je vais d'abord le faire reposer à l'air, ensuite je le laisserai pendant quelques jours au frigo. À ce moment-là seulement on saura si la couleur est stabilisée.

Joann me regardait avec des yeux écarquillés.

– Comment fais-tu pour avoir toujours autant d'énergie? interrogea-t-elle. Moi, j'ai un mal fou à me bouger, et maman n'arrête pas de me traiter de paresseuse, en répétant qu'elle se donne un mal de chien pour m'élever...

Elle soupira :

– Au lieu de me montrer reconnaissante, je passe mon temps à traînailler, paraît-il. Ses réflexions m'énervent beaucoup, mais je dois reconnaître qu'elle n'a pas complètement tort. Pourtant, j'essaie de me secouer !

La pauvre Joann paraissait déprimée. Comment lui remonter le moral ?

– En tout cas, ce soir la paresseuse aura un teint de pêche, lançai-je sur un ton joyeux, c'est promis ! Je vais d'abord te poser un masque, puis on commencera les soins. Viens dans ma chambre ; tu t'installeras sur

un fauteuil, ce sera plus confortable.
Sitôt dit, sitôt fait. Cinq minutes plus tard, le cou enveloppé d'une serviette et les cheveux protégés par un bonnet de douche, Joann se livrait à mes mains expertes !
J'examinai son visage. Peau très fine, un peu sèche, avec quelques rougeurs : l'émulsion à l'avocat et aux noix devrait faire des merveilles.
Mais j'eus quelque difficulté à lui appliquer le masque. Joann s'agitait, grimaçait sous mes doigts, se plaignait que la pâte était trop froide, ou alors qu'elle dégoulinait dans son cou ou lui picotait le nez…
Misère ! ce n'était pas gagné ! Nous étions loin d'être prêtes pour le grand jour ! À la fin de l'opération, je dis d'un ton péremptoire :
– Maintenant, s'il te plaît, reste tranquille et ne dis plus rien pendant dix minutes. Le masque doit sécher complètement…
Me rendant soudain compte que je devais être aussi pénible que sa mère, j'ajoutai d'un ton adouci :
– Garde les yeux fermés et détends-toi. Pendant ce temps, je vais m'occuper de mon rouge à lèvres.

Une fois dehors, je poussai un énorme « ouf », histoire de me décontracter. Rendre les gens beaux, quel boulot !
Dans la casserole, le mélange avait refroidi et pris une belle consistance. Après l'avoir versé dans un pot de pommade contre le rhume soigneusement nettoyé, je le plaçai au frais dans la porte du frigo.

Comme je sortais de la cuisine, un murmure me fit dresser l'oreille ; maman et Ellen prenaient le thé dans le salon.
– Cliff va être horriblement déçu, disait la voix d'Ellen, et je ne sais vraiment pas comment lui annoncer la nouvelle…
Dévorée de curiosité, je m'approchai de la porte sur la pointe des pieds.
– Déçu ? pourquoi ? demandait maman. Il avait vraiment envie d'aller vivre avec son père, tu crois ?
– Oui. Tu sais, il l'admire beaucoup. Mais, pendant les derniers temps de notre vie commune, les problèmes entre Paul et moi ont rejailli sur leurs relations. Ils se prenaient de bec pour des riens.
– Et depuis, les choses se sont arrangées entre eux ?

– L’occasion ne s’est pas présentée. Après le divorce, ils ne se sont pratiquement jamais revus, car Paul était constamment en déplacement. Cliff meurt d’envie de montrer à son père qu’il est devenu grand, qu’ils peuvent à présent discuter calmement entre hommes. Vivre avec lui à Philadelphie aurait été une bonne idée, mais…

Elles se turent. L’une des deux se leva. J’entendis des bruits de pas et je me glissai à toute vitesse dans une encoignure du couloir.

Une petite cuillère heurta une tasse et la conversation reprit. Je m’éloignai lentement, ce qui me permit de glaner la suite de leur conversation.

– C’est vraiment dommage que ton ex-mari n’ait pas réussi à se faire embaucher à ce poste ! disait maman.

– Quelqu’un de plus jeune l’a coiffé au poteau. Et pour couronner le tout, voilà qu’il part six mois en Europe ! Tu imagines, pour Cliff…

J’en savais assez. Je décampai à pas de loup. J’avais la gorge serrée : l’intrus ne partait plus, il s’incrustait ! C’était bien ma veine. Quand j’entrai dans ma chambre,

Joann ouvrit les yeux.
– Dis donc, ça ne va pas ? s'écria-t-elle. Ma parole, tu as la couleur d'un vieux drap !

Chapitre 12

Le dimanche suivant, je me claquemurai à la maison. Je devais rédiger le texte pour le concours – quatre feuillets au moins.
Côté matériel, j'étais bien équipée : le père de Tina m'avait prêté un ordinateur portable et son imprimante. Côté idées… c'était plutôt le chaos ! Comment raconter une passion en quatre pages ? Par quoi devais-je commencer ? Quels arguments employer pour emporter l'adhésion du jury ? Ces questions me tarabustaient…

Je regardais fixement la page blanche : et si je racontais les recherches de Mamy et ses résultats ? Une passion héréditaire… ça fait bien ! En quelques lignes, j'évoquerais la façon dont elle m'avait transmis son amour des plantes et initiée à leur alchimie.

Je poussai un soupir ; ça ferait « bien », mais ça serait horriblement long. L'inspiration ne venait pas.

Pourtant, la maison baignait dans un calme inhabituel. Maman et Ellen étaient à la plage. Mamy faisait la sieste. Quant à Cliff, il devait vadrouiller quelque part.

Mais rien à faire ! j'étais en panne d'inspiration. Bondissant sur mes pieds, je filai à la cuisine : j'avais un besoin urgent de milk-shake. Rien de tel pour réveiller un cerveau un peu lent !

Je poussai le battant et retins un cri étonné : Cliff était là, occupé à remplir la machine à laver. Depuis le jour où j'avais appris que son père ne le reprendrait pas chez lui, nous nous étions à peine parlé ; nous avions juste disputé deux parties de dames… et il m'avait battue à plate couture.

À vrai dire, son courage me surprenait. Il prenait ce coup du sort avec un de ces

flegmes ! Il ne se plaignait même pas. Chapeau !
J'attrapai une poignée de fraises et la passai sous l'eau :
– Comment ça va chez Benny's, Cliff ?
– Super !
– Tes salades ont du succès ?
Il sourit :
– Énormément. Trop, même. Le patron a dit que, si ça continue comme ça, il sera obligé d'embaucher quelqu'un pour donner un coup de main.
Je versai les fraises dans le mixeur, puis du lait, en disant :
– Si tu lui demandais une augmentation ?
– C'est prématuré, répondit-il en faisant la moue. Je voudrais surtout qu'il finance la création des plateaux que j'ai imaginés. J'ai résolu tous les problèmes techniques. Il faudrait maintenant faire un moule et…
Une voix étonnée lui coupa la parole :
– Ça alors !
C'était Mamy qui faisait irruption dans la cuisine :
– Vous restez enfermés par ce beau temps ? Que les jeunes sont donc sérieux, de nos jours. Allez, ouste, dehors !

– Mais Mamy, je dois rédiger mon projet pour le concours.
– Tu as bien le temps de t'y mettre, Jenny. Au besoin, je t'aiderai. Si vous alliez plutôt dîner sur la plage ? Il est encore un peu tôt, mais le temps de préparer le barbecue et de vous baigner...
– C'est une idée, bredouilla Cliff.
Ma grand-mère farfouillait déjà dans le réfrigérateur :
– Regardez, il y a tout ce qu'il faut : saucisses, fromage, oignons... et des marshmallows !
Je dis sans enthousiasme :
– Super.
– Cliff, poursuivit-elle, file au garage chercher du charbon de bois.
Il s'exécuta. Et, dix minutes plus tard, nous étions en route pour la plage. Je portais le sac de victuailles et Cliff trimbalait tout ce qui est nécessaire pour allumer le feu, plus deux draps de bain.
Après avoir installé notre barda près d'un des barbecues à l'usage du public, nous nous précipitâmes à l'eau. La mer était assez agitée. C'était amusant de plonger dans les rouleaux, puis de se laisser molle-

ment ramener au bord. Puis Cliff partit nager vers le large et, moi, je m'allongeai au soleil, en tournant vaguement les pages d'un livre.
Au fond, j'étais heureuse de me trouver là. Machinalement, je cherchai la tête de Cliff, parmi les vagues. Il était vraiment sympa. Ce n'était pas un Prince charmant à la Benjamin Osborne, mais il avait « quelque chose ». Il était intéressant, intelligent, plein d'idées géniales... Tout bien considéré, c'était plutôt chouette qu'il ne reparte pas de sitôt à Philadelphie...
Je soupirai, les yeux fermés ; Mamy avait raison : que c'était agréable, les vacances !
Je me redressai tout à coup en protestant :
– Ça va pas ?
Revenu en courant, Cliff s'ébrouait comme un petit chien en m'éclaboussant ! Il éclata de rire. Et, roulant des yeux de mari irascible, il s'écria :
– Le dîner... c'est pour aujourd'hui ou pour demain ? Tu n'as même pas mis la table ; je me demande à quoi tu sers !
Je répondis en riant :
– Tu vas voir !
Et, l'empoignant par les chevilles, je le fis

tomber. Pour se venger, il se jeta sur moi. Je me défendis. Une vraie bagarre de chiffonniers ! Il réussit à me plaquer au sol – seulement parce que j'avais le soleil dans l'œil. Tout à coup, mon cœur battit trop fort. Je me relevai en marmonnant :

– Bon, c'est toi qui as gagné.

Et je me mis à embrocher les tomates, les poivrons et les oignons, pendant que Cliff piquait les saucisses. Avec le vent qui se levait, allumer le feu n'était pas facile. Mais on finit par y arriver. Il fallait avoir très faim pour dévorer notre pique-nique ; les légumes étaient à moitié crus... On se rattrapa avec les marshmallows ! Ils étaient parfaits. Craquants à l'extérieur, tièdes et fondants à l'intérieur.

Cliff sauta brusquement sur ses pieds.

– Tu n'es pas cap' de retourner à l'eau !

Le soir tombait et le vent soulevait maintenant de grosses vagues. Ce n'était pas très engageant, mais je relevai le défi ! Sans attendre Cliff, je m'élançai comme une flèche vers l'océan, je plongeai la tête la première... et ce fut l'horreur !

Emportée par une vague trop forte, je fus aspirée, happée, roulée. En me débattant entre deux eaux, je suffoquais, j'essayais de trouver la surface sans plus savoir où était le haut, où était le bas ! Je voulus appeler, mais ma bouche se remplit d'eau salée. Je pensai « je me noie », sans pouvoir y croire. Lorsque, tout à coup, je me sentis saisie et emportée à bras-le-corps. Quand ma tête sortit à moitié de l'eau, je crus que mes poumons allaient éclater en s'emplissant : de l'air, enfin !

– Cliff…

C'était lui qui me ramenait. Il était venu me chercher. Il m'avait sauvée ! Ses bras me tenaient très fort. Une fois au bord, il me lâcha soudain. On resta allongés sur le sable mouillé, tous les deux. Sa respiration haletante se mêlait à la mienne. Et soudain, il m'embrassa. Pendant quelques secondes, j'eus l'impression de reperdre pied – mon premier baiser ! Mais c'était si doux que je me serrai contre Cliff… en lui rendant son baiser.

Quand on se sépara, il avait l'air aussi étonné que moi.

– Excuse-moi, mais j'ai eu tellement peur ! bredouilla-t-il. Tu as failli mourir… par ma faute.

Je l'attrapai par le cou :
– Tais-toi, idiot !
Et je l'embrassai encore. Après, il sourit :
– Dis donc, toute l'eau de mer que tu as avalée n'a pas suffi à t'ôter ce goût d'oignon !
J'éclatai de rire. Ah ! les garçons ! Ils disent souvent des choses stupides, quand ils sont émus ! La preuve : trois secondes plus tard, Cliff recommençait à m'embrasser…

Chapitre 13

Le soir, Cliff toussa tellement qu'il m'empêcha longtemps de m'endormir. Pourtant nos chambres n'étaient pas voisines.
Nous étions sans doute restés trop longtemps sur la plage, à chahuter et à nous embrasser ; il avait attrapé froid. J'avais fini par basculer dans le sommeil quand un hurlement me réveilla en sursaut. Il faisait nuit noire. Est-ce que j'étais en train de rêver ?
– Au secours ! criait Ellen.

Non ! c'était bien la réalité ! Je sautai du lit et fonçai dans le couloir. La lumière était allumée. Maman courait, les cheveux en bataille :

– Ça vient de la chambre de Cliff !

Nous nous y précipitâmes. Ellen était penchée sur le lit de son fils, les yeux exorbités. Comme je m'approchais, maman essaya de me retenir. Mais c'était trop tard. J'avais vu : allongé, tout pâle, Cliff avait la poitrine couverte de sang.

Ellen sanglotait :

– Il toussait tellement, je suis allée tout doucement chercher le pot de pommade dans le frigo pour le soulager. À mon avis, il n'a même pas senti que je le frictionnais. Je me suis assise à côté de son lit. Mais comme les quintes de toux continuaient, j'ai fini par allumer la lumière. Et là j'ai vu...

La voix d'Ellen se brisa ; elle n'eut pas le courage de continuer.

Maman se rua vers le téléphone, mais, les bras en croix, je l'empêchai de passer. Un épouvantable fou rire m'étouffait. Maman crut à une crise de nerfs.

– Calme-toi, ma chérie, supplia-t-elle. Je dois demander de l'aide.

Je réussis à hoqueter :
– Non, non, pas la peine…
Et, après avoir respiré à fond, je parvins à dévider une phrase complète, d'une traite :
– Ce-n'est-pas-du-sang-c'est-du-rouge-à-lèvres !
Trois paires d'yeux incrédules me regardèrent fixement.
– Qu'est-ce que tu racontes ? finit par souffler Ellen.
– La vérité ! J'ai rempli le pot de pommade avec une préparation pour les lèvres. Je l'ai déposée dans le réfrigérateur pour qu'elle…
Elle m'interrompit, furieuse :
– Et ça te fait rire ? Tu nous colles une peur monstrueuse, et ça t'amuse ! Excuse-moi, mais ce soir je ne suis pas du tout sensible à ton humour.
– Ce n'est pas sa faute, plaida maman.
Ellen se tourna vers elle, les sourcils froncés :
– Toi, évidemment, tu prends la défense de ta petite fifille ! J'ai cru Cliff mort, mais tu t'en moques !
– Pas du tout, répliqua maman. Je n'ai jamais dit cela. Simplement, nous pour-

rions peut-être essayer de nous calmer maintenant…

– Tu as raison.

Les choses auraient pu en rester là si Cliff, mal remis de ses émotions, n'avait pas jeté de l'huile sur le feu.

– Je suis sûr que Jenny l'a fait exprès, dit-il brusquement. C'est encore une de ses farces à la noix !

J'en restai sans voix. Comment aurais-je pu savoir qu'il allait tousser, que sa mère irait chercher le pot de pommade, qu'elle le frictionnerait dans le noir… ? Il était complètement débile ou quoi ?

Face à tant d'injustice, je devais réagir. Et je réagis. Au quart de tour.

– Toi, lançai-je d'une voix sifflante, tu ferais mieux de te taire. Tu te pavanes en racontant à droite et à gauche que tu es juste de passage, que tu vas repartir à Philadelphie… Tu parles ! Ton père a tellement envie de te reprendre qu'il a quitté les États-Unis. Alors, si j'étais à ta place, je trouverais autre chose !

Cliff était blême.

– Papa est parti ? demanda-t-il à sa mère, en lui jetant un regard éperdu.

Je compris tout à coup qu'Ellen n'avait pas osé lui annoncer la nouvelle. J'avais admiré son courage face à l'adversité, alors qu'en réalité il n'était au courant de rien. Je venais de mettre les pieds dans le plat !
J'aurais aimé disparaître sous terre… mais il était trop tard.
– Attends, mon chéri, murmura Ellen en prenant la main de son fils, je vais tout t'expliquer…
Les larmes me brouillaient la vue. Je filai dans ma chambre et je me recroquevillai dans mon lit, le visage écrasé dans l'oreiller.

Chapitre 14

À partir de cette nuit-là, mes relations avec Cliff furent strictement mondaines, froides et polies. Finis les sourires et les disputes. Finis aussi les baisers sur la plage. Nos conversations se limitaient à des échanges du genre : « Cliff, est-ce que tu as besoin d'utiliser la salle de bains ? – Non, non, Jenny, tu peux sans problème prendre ta douche. » Ou bien : « Si tu veux, Jenny, je passerai au supermarché ce soir... – Tu en auras le temps ? – Bien sûr, je m'arrangerai. De toute manière, c'est mon tour. Tu as déjà fait les courses cette semaine... »

C'était d'un triste !

Impossible de deviner comment Cliff acceptait la mauvaise nouvelle. Il semblait très pris par son travail chez Benny's. De retour à la maison, il filait directement s'enfermer dans sa chambre. À table, il parlait très peu, le visage de marbre.

Moi, j'étais seule les trois quarts du temps, et je traînais comme une âme en peine.

Une tante de Tina et ses enfants étaient venus séjourner chez mon amie pour deux semaines. Tina filait les rejoindre dès qu'elle avait terminé son travail au motel.

Quant à Joann, c'était une autre histoire...

Un jour, un peu gênée, elle m'avait annoncé qu'elle ne pourrait pas me servir de modèle pendant l'exposition.

– Moi aussi, je vais participer au concours, m'avait-elle avoué. Et j'espère bien être sélectionnée pour la finale.

Joann l'indécise, Joann la flemmarde avait décidé de se lancer dans la compétition. Joann devenait l'une de mes concurrentes ! Je n'arrivais pas à y croire.

– Mais quel projet vas-tu présenter ? m'ex-

clamai-je. Tu sais, il y aura une foule de candidats. La sélection sera très dure !
Joann avait fait une petite grimace :
– Tu penses que je ne tiendrai pas le choc, n'est-ce pas ? Eh bien, cela va te sembler bizarre, mais j'ai quand même envie de tenter ma chance.
Je n'en revenais pas.
– Mais tu n'as pas de passion, aucune vocation à défendre…
Joann m'avait adressé un sourire en coin.
– Je cache bien mon jeu, on dirait, puisque même ma meilleure amie n'est au courant de rien ! En fait, depuis que je suis toute petite, je m'intéresse à la décoration. Je dessine des meubles, des motifs de papier peint ou de carrelage. J'ai même construit une maison de poupée et j'ai commencé à l'aménager. Sauf que, jusque-là, je n'avais montré mon travail à personne parce que je le trouvais trop nul…
C'était vrai ! Joann faisait des merveilles au cours de dessin, ça m'était revenu soudain. Mais comme elle devenait rouge comme une pivoine dès qu'on la complimentait, tout le monde avait peu à peu cessé de s'intéresser à ses œuvres.

– Figure-toi qu'un jour de grand ménage, avait-elle poursuivi, maman est tombée par hasard sur mes carnets de croquis. Ils lui ont tellement plu que, le soir même, elle m'a emmenée dîner au restaurant. Pour la première fois depuis très longtemps, nous avons discuté pour de bon, toutes les deux. D'après elle, je suis très douée. Je n'aurais jamais osé me lancer toute seule, mais maman m'a convaincue de participer au concours. Si mon dossier est sélectionné, elle m'a même promis de me donner un coup de main pour le stand, tu te rends compte ?

Joann rayonnait. Je lui avais sauté au cou pour la féliciter. J'étais drôlement contente pour elle ! Nous avions ri comme des folles en imaginant nos victoires respectives, le triomphe (de l'une ou de l'autre), le museau dépité des autres candidats.

Mais, une fois seule, en considérant mieux la situation, j'avais eu un petit pincement au cœur. Désormais, Joann travaillerait tous les après-midi. Plus question de se balader ensemble. Dire qu'on devait visiter l'exposition d'art égyptien au Musée archéologique de Sandcastle… c'était fichu ! En

plus, je perdais un modèle. Maintenant, je ne disposais plus que de Tina pour l'exposition. Dans ces conditions, comment démontrer que mes produits étaient efficaces pour tous les types de peau ?
Mon projet me semblait bien près de tomber à l'eau…

Chapitre 15

Mais est-ce que j'allais, moi, Jennifer April, me laisser abattre comme ça ? Puisque j'avais du temps libre, le mieux était d'en profiter pour peaufiner mon dossier. Si jamais il était sélectionné, j'arriverais bien à dénicher un mannequin de remplacement.

Cette fois, bizarrement, la rédaction du projet me parut très facile. J'eus même du mal à m'arrêter : j'aurais volontiers rempli cinq pages de plus !

Mamy relut le tout, me donna ses impressions et apporta quelques corrections. D'après elle, ma description du travail de chimiste en cosmétologie se montrait très fidèle et j'avais exprimé avec justesse le désir de poursuivre mes recherches.
J'étais en train de recopier les annotations de Mamy quand Cliff frappa à ma porte.
– Te serait-il possible de me prêter l'ordinateur demain ? me demanda-t-il d'un ton poli.
Me gardant bien de l'interroger sur ce qu'il comptait en faire, je répondis aimablement :
– Demain… ? Oui, j'en aurai sûrement terminé avec ce travail. Mais rends-le-moi à la fin de la semaine. Je dois le rapporter samedi au père de Tina.
Nos dialogues continuant à se limiter au minimum, celui-ci s'arrêta là. Une heure plus tard, j'avais relu l'ensemble de mon travail et vérifié que je n'avais rien oublié. Ensuite, je retranscrivis avec soin l'adresse du jury sur une grande enveloppe kraft. Une fois fermée, j'y déposai un petit baiser, pour me porter chance !
Je me rendis illico à la poste. J'avais hâte

de voir partir mon dossier – même si j'avais quinze jours d'avance sur la date limite.

Voilà, c'était fait. Je me sentais soulagée. Et déconcertée. Qu'est-ce que j'allais bien pouvoir faire, maintenant ?

Je réfléchissais à cette question quand quelqu'un appela à tue-tête :

– Jenny !

Benjamin Osborne, au volant de sa voiture de sport décapotable, pila devant moi. Il était hyperbronzé et son sourire découvrait des dents d'un blanc éclatant. En un mot, il était plus Prince charmant que jamais !

– Jenny, quel plaisir de te retrouver ! s'écria-t-il. J'arrive tout juste des Caraïbes, et je n'aurais pas pu rêver rencontre plus agréable... Monte deux minutes : je dois passer à la maison prendre mon courrier, et ensuite je t'emmène où tu veux. Il faut absolument qu'on se voie un peu !

J'hésitai quelques secondes, puis j'acceptai son offre. Dominant la ville et l'océan, la maison des Osborne m'avait toujours paru très mystérieuse. C'était l'occasion ou jamais de la voir de près.

Benjamin conduisait avec maestria. Il ne

cessait de parler, énumérant toutes les fascinantes activités auxquelles il s'était livré pendant ses vacances. Le vent emportait une bonne partie de ses paroles, mais qu'importait ? L'air et la vitesse ébouriffaient mes cheveux ; c'était très agréable.

– Que penses-tu de notre baraque ? demanda Benjamin, quand nous arrivâmes devant chez lui.

La « baraque » avait tout du château. Pour y accéder, nous avions franchi un immense portail orné de lions en pierre, qui ouvrait sur une allée bordée d'arbres dont les branchages formaient une voûte verdoyante au-dessus de nos têtes ; l'allée m'avait semblé ne jamais devoir finir. Comme dans les films. Quand la façade était apparue, elle barrait complètement l'horizon. Ses trois étages flanqués de tours carrées et son escalier à deux volutes qui se rejoignaient en un perron de marbre blanc formaient un ensemble impressionnant. Mais, pour être honnête, je ne savais pas si cette construction me plaisait vraiment.

Un homme en livrée vint à notre rencontre ; mais Benjamin le congédia d'un geste négligent.

– Merci, Hector, nous n'avons besoin de rien. Simplement, dites-moi : est-ce que ma mère est là ?
– Non, Madame n'est pas encore rentrée, répondit le majordome, qui s'exprimait avec un drôle d'accent.
– Quel dommage, j'aurais tellement aimé te présenter à maman ! s'exclama Benjamin tandis qu'Hector s'éloignait. Elle sera désolée de t'avoir manquée…
À mon avis, elle n'avait jamais entendu parler de moi et me rencontrer devait être le cadet de ses soucis, mais je me gardai bien d'en souffler mot : je n'avais pas envie de contrarier Benjamin.
– De quel pays vient ce monsieur? lui demandai-je.
– De qui parles-tu? Ah, tu veux dire Hector ! Eh bien, je n'ai pas pensé à le lui demander. Mes parents ont la mauvaise habitude de changer tout le temps de domestiques, et je perds le fil. En principe, le cuisinier est français et nos nurses sont toujours venues de Suisse. Quant aux autres…
Après avoir traversé un hall aux murs couverts de portraits d'hommes à l'air plus revêche les uns que les autres – «Mes

ancêtres », précisa-t-il – nous entrâmes dans le salon. Dès la porte, deux objets retenaient l'attention : une cheminée où l'on aurait pu faire rôtir un bœuf entier et un splendide piano à queue. Le reste du mobilier était plutôt succinct : un canapé en cuir noir, quelques fauteuils aux formes tarabiscotées, une table basse en métal.

– Le salon a été meublé par un décorateur, indiqua Benjamin en vrai guide touristique. En revanche, c'est mon père qui a choisi cette cheminée. Il l'avait vue dans un manoir en Écosse où se tenait son conseil d'administration, et en était tombé éperdument amoureux. Il a réussi à convaincre le lord propriétaire du manoir de la lui vendre. Une entreprise écossaise l'a démontée et emballée dans des caisses. Elle est arrivée ici en pièces détachées. Un spécialiste l'a reconstituée pierre par pierre, et un autre l'a installée. Papa était ravi. Malheureusement, le climat californien exige rarement de faire du feu…

Fascinée par le piano, je passai la main sur son magnifique bois verni :

– Qui joue de la musique chez vous ? Ta mère ?

– Oui, parfois. Elle espérait surtout que je m'y mettrais. Pendant des années, un professeur est venu me donner des cours particuliers. Mais je n'avais aucun don pour cet instrument et je détestais le solfège. En fait, je suis beaucoup plus attiré par les sports de plein air. Heureusement, mon professeur a annoncé un beau jour qu'il renonçait à essayer de tirer autre chose de moi que des fausses notes ! Il nous a plantés là.

Je lui souris poliment. Décidément, son image de Prince charmant commençait à se craqueler de toutes parts !

J'aurais aimé poursuivre la visite de cette intéressante demeure, mais il me proposa d'aller boire une orangeade au bord de la piscine.

Elle était dissimulée derrière un patio fleuri où des perroquets au plumage éclatant couvraient par leurs jacassements le chuchotement d'une fontaine. Son eau d'un bleu violacé réfléchissait les rayons du soleil. Comme je plissais les yeux, Benjamin se méprit.

– La piscine te semble bizarre ? En fait, elle a la forme d'une grappe de raisin, m'expliqua-t-il. La fortune des Osborne

s'est édifiée au départ sur le vignoble, et mon père a voulu rendre hommage au fruit qui avait apporté la prospérité à ses ancêtres.
J'en restai bouche bée ! Des parasols en forme de feuilles de vigne entouraient le bassin. Je pris place dans une chaise longue aux coussins capitonnés. À cet instant précis, un serviteur asiatique, surgi de je ne sais où, déposa un verre givré devant moi. Puis il s'éclipsa.
Je poussai un soupir d'aise. Même si j'avais l'impression d'être tombée par erreur au milieu du tournage d'un film hollywoodien, tout ce confort me semblait... génial ! Mais le spécialiste de la fausse note gâcha tout.
– Jenny, marmonna-t-il entre ses dents, tu continues à me plaire énormément...
Il m'agrippa le bras et entreprit de coller sa bouche sur la mienne. Beurk ! Je le repoussai de toutes mes forces et, comme il essayait de nouveau de m'embrasser, je lui balançai mon verre d'orangeade à la figure.
Là-dessus, je sautai sur mes pieds et, indignée, quittai précipitamment le bord de la piscine. Ma curiosité fut la plus forte : je

me retournai une seconde, le temps de voir Benjamin écrasé dans son fauteuil ; le jus d'orange lui collait les cheveux et coulait en gouttes épaisses le long de son nez : l'héritier de la fortune Osborne était ridicule !

Je lui tournai le dos en pensant que, tout compte fait, Jennifer April ne devait pas être faite pour les garçons homologués « Prince charmant »…

Chapitre 16

Nous étions à la veille du jour où la liste des vingt candidats choisis pour participer à l'exposition serait affichée à la porte de mon lycée. Terrible suspense !

Depuis dix jours, je tournais en rond. Cette nuit-là, j'eus un mal fou à trouver le sommeil.

Les résultats ne seraient rendus publics qu'à 8 h 30, mais à l'aube j'étais déjà dans la cuisine. Vers 7 h 30, j'entendis un bruit de pas, et Cliff ouvrit la porte.

C'était notre premier tête-à-tête depuis bien longtemps. Un peu ennuyée par cette rencontre, je plongeai le nez dans ma tasse de chocolat. Cliff, lui, semblait très détendu. Il sifflotait et, après avoir préparé son petit déjeuner, il se planta juste en face de moi.
– Tu ne t'es pas fait de toasts, remarqua-t-il. Tu n'as pas faim ?
– Je crois surtout que j'avais la flemme de me les préparer, avouai-je piteusement.
– Alors, ne bouge surtout pas. Je reviens tout de suite.
Intriguée et inquiète, je me posai quelques questions : pourquoi Cliff était-il tout à coup redevenu gentil ? Est-ce qu'il préparait une vengeance ? J'en étais à craindre le pire lorsqu'il revint, portant un magnifique gâteau couvert de crème et de tranches de fruits.
– Voilà, sers-toi, dit Cliff en déposant le plat devant moi. Je serais curieux de savoir ce que tu en penses.
Dans ma tête, une petite voix m'incitait à la prudence : « Ma fille, ne cède surtout pas à la gourmandise. Ou bien ce gâteau est fourré au curare, ou alors Cliff y a dissimulé un pétard qui t'éclatera à la figure dès que tu t'en approcheras ! »

D'un air dégagé, je repoussai le plat :
– Merci infiniment, mais je ne rentre plus dans mon maillot et j'ai décidé de suivre un petit régime : pas de sucreries pendant au moins quinze jours.
– Eh bien, justement, cette pâtisserie est faite pour toi ! insista-t-il, triomphant. Figure-toi que ce gâteau ne contient pas plus de calories que deux yaourts sans sucre. Tu peux le manger tranquillement ; c'est moi qui l'ai fabriqué.
Cela ne me rassurait pas du tout, mais j'étais à court d'arguments. Tenant le couteau à bout de bras et retenant mon souffle, je découpai une toute petite part... Il n'y eut pas de détonation. Je me détendis une seconde.
Le plus dur restait à faire. Cliff m'observait avec attention : impossible, donc, de jeter ma tranche par la fenêtre. J'hésitai avant de la porter à ma bouche – « du courage, Jenny ! » –, je fermai les yeux et mordis dedans. Incroyable !
Doux, fondant, parfumé, moelleux à souhait : c'était un véritable délice ! J'oubliai toutes mes craintes pour me resservir un énorme morceau. Cliff souriait :

– Content de voir que tu apprécies mon œuvre ! lança-t-il.
Et il partit. Je sortis sur ses talons. Cet épisode m'avait presque mise en retard : il était 8 h 15 !

De loin, je vis une foule massée devant la porte du lycée. La liste était déjà affichée ! Je piquai un sprint. Mon cœur battait la chamade tandis que je jouais des coudes pour parvenir jusqu'au panneau sur lequel le papier était punaisé.
Je n'entendais rien. Je ne voyais personne. Le cou tendu, dressée sur la pointe des pieds, je cherchais mon nom. Et je le vis, en toutes lettres, en haut de la liste : JENNIFER APRIL.
Une seconde, je crus m'évanouir : tout tournait. Puis je poussai un énorme « hourrah ! ». Pas très charitable pour les candidats malheureux qui se pressaient à mes côtés, mais impossible de me retenir !
Un peu calmée, je passai ensuite en revue les dix-neuf autres noms. Celui de Joann figurait parmi eux, et cela me fit vraiment plaisir. Mais... quoi ? le nom de Cliff... ? C'était bien son nom, là, sur la liste ! Ça

alors ! Quel choc ! Qu'est-ce qu'il faisait là ? Dans mon dos, une voix goguenarde murmura :
– Je t'offre un Coca pour fêter notre victoire.
Cliff ! Trop abasourdie pour réagir, je le suivis comme un automate jusqu'à la cafétéria.
Les bulles du Coca me requinquèrent ; j'explosai soudain :
– Alors, toi aussi, tu avais posé ta candidature ? Et tout ça sans rien me dire ? C'est incroyable !
Cliff me jeta un regard ironique :
– Tu ne l'as peut-être pas remarqué, mais, ces derniers temps, on ne s'est pas fait beaucoup de confidences, tous les deux. J'ai pris cette décision tout seul, sur un coup de tête. Tu te souviens quand je t'ai emprunté l'ordinateur ? Eh bien, c'était pour taper mon dossier.
– Mais sur quoi porte ton projet ? Comment as-tu réussi à convaincre le jury ?
– J'ai bâti tout mon dossier sur la bouffe. C'est parti de mon job chez Benny's. En essayant de diversifier les produits, j'ai peu à peu découvert que, même dans la cuisine

industrielle, on pouvait donner aux clients des aliments savoureux et pleins de vitamines. Autre chose que les steaks pleins de graisse ou les gâteaux écœurants qu'on trouve dans les fast-foods.

À la fois intéressée et sceptique, j'objectai :

– Mais cela devient une cuisine de luxe, qui coûte beaucoup plus cher, non ?

– Pas nécessairement. Tout dépend de la manière dont les aliments sont préparés et conservés. En fait, j'aimerais poursuivre des études pour inventer ensuite d'autres formes de conservation et d'emballage.

J'en restai coite. Cette fois, j'étais plus qu'intéressée... j'étais éblouie !

Ce Cliff... !

Passionné par son sujet, il faisait de grands gestes et parlait assez fort. Les gens de la table voisine écoutaient notre conversation sans se gêner.

Quand il s'en aperçut, il devint rouge comme une tomate.

– Excuse-moi, je perds un peu les pédales, chuchota-t-il. Mais, tu comprends, quand j'ai appris que je n'irais pas vivre avec mon père, j'ai eu l'impression que le monde s'écroulait. Il fallait que je me raccroche à quelque chose, et j'ai foncé sur ce projet. Comme un fou.

À moi de piquer un fard !

– En plus, je t'ai balancé la nouvelle en pleine figure, balbutiai-je. Si tu savais à quel point je m'en suis voulu !

Il me caressa délicatement la joue.

– Ne t'en fais pas pour ça. Tu aurais peut-être pu y aller plus en douceur, mais il fallait bien que je l'apprenne un jour. Et, finalement, c'est peut-être mieux comme ça. Quand papa rentrera aux États-Unis, il aura vraiment envie de me revoir. Moi aussi, j'aurai fait du chemin. Nous aurons davantage de choses à échanger.

Il était incroyablement mûr pour son âge. J'étais plus qu'éblouie… j'étais béate d'admiration. Et muette.

Cliff reprit :

– Tout ça est bien joli, mais il va falloir se concentrer sur la seconde manche du concours. Désormais, nous sommes vraiment en compétition, toi et moi.

Il eut un sourire carnassier :

– Et je bénéficie d'un énorme avantage, ma petite Jenny. Moi, j'ai un super labo à ma disposition…

La vache !
– Attends un peu, répliquai-je d'une voix menaçante.
Mais j'avais envie de rire. Et de l'embrasser.

Chapitre 17

Plus que deux semaines avant l'exposition ! Elle aurait lieu dans le gymnase de mon lycée. Trois jours avant l'inauguration, les portes de l'établissement seraient ouvertes aux exposants afin qu'ils puissent y transporter leur matériel et y installer leurs stands.

Il n'était plus question désormais de me livrer à de nouvelles expériences : je devais fabriquer les produits déjà testés en quan-

tité suffisante pour pouvoir démontrer leur efficacité et en distribuer des échantillons aux visiteurs.
Les courses me prirent un samedi entier. Maman m'accompagna partout. J'achetai non seulement tous les ingrédients indispensables à la fabrication de mes produits, mais encore des tas de petits pots de différentes couleurs pour leur présentation, plus les planches, les clous, les vis, les chevilles et les tubes métalliques nécessaires à la construction du stand.
Tout l'argent gagné au motel y passa.
Très étroite, la resserre n'était pas vraiment conçue pour une production en série. Je fus obligée de la réaménager et de programmer le déroulement des opérations.
Aidée par Mamy, je travaillai comme une forcenée.
– Tu es vraiment devenue une professionnelle, me dit-elle en riant. Les rôles sont renversés : à présent, c'est toi qui m'indiques ce que je dois faire !

Tina se donna un mal de chien, mais finit par dénicher un modèle pour remplacer Joann. Une fille très sympa de vingt-cinq

ans qui s'appelait Jocelyn. Elle était coiffeuse. Récemment installée à Sandcastle, elle était ravie de cette occasion de rencontrer des gens, comme elle me l'expliqua pendant notre répétition à la maison.
Jocelyn avait vécu à Montréal et elle me décrivit les hivers au Canada, quand il fait moins quarante degrés.
– C'est terrible pour la peau, me dit-elle.
En arrivant chez moi, je vérifiais si mon nez était toujours là. J'avais peur qu'il ait gelé et soit tombé sans que je m'en rende compte !
« Très intéressant… », pensai-je. Et l'idée de concocter des crèmes adaptées aux climats rigoureux commença à me trotter par la tête.

Je ne pouvais que me féliciter de ma chance : Jocelyn était rousse, avec une peau laiteuse, exactement le contraire de Tina.
Grâce à elles deux, je pourrais utiliser tout mon éventail de produits, et la chevelure flamboyante de la coiffeuse constituerait un magnifique support pour ma gamme de soins capillaires.
La construction du stand fut l'affaire de

Russell. Ce type avait le génie du bricolage. Après avoir passé un après-midi à travailler avec lui et l'avoir vu manier les outils, je conseillai à maman de l'épouser au plus vite !

J'avais décidé de m'occuper toute seule de la décoration du stand, ce qui me donna l'idée de faire le tour de l'exposition, histoire de voir comment se débrouillaient mes concurrents.

Le gymnase ressemblait à une énorme ruche. Mais les abeilles qui le peuplaient étaient armées de scies, de marteaux et de perceuses, et elles faisaient un bruit d'enfer.

Certains stands étaient presque terminés.

Je m'attardai devant le stand n° 8, celui de Joann, qui l'avait rudement bien arrangé. Les parois étaient tapissées de bandes de papier mural collées les unes aux autres. Toutes offraient des couleurs et un dessin différents, pourtant l'ensemble était harmonieux. Le sol était recouvert d'un revêtement plastique gris sur lequel elle avait peint un dallage en forme de marelle, où chaque carreau affichait son propre motif. Placée sur un socle, la maison de poupée trônait au milieu du stand. Joann et sa mère étaient en train de l'aménager. En me tordant le cou, je vis que chacune des pièces semblait appartenir à un pays différent : la chambre japonaise, la chambre hawaiienne, la salle de bains scandinave et même un grenier indien…

Au n° 12, Marian Temper avait posé un plancher et fixé une barre à la paroi : elle comptait faire apprécier ses talents de danseuse. Ted Ricker, qui souhaitait devenir programmeur, avait installé deux rangées d'ordinateurs dans le stand n° 13.

Cliff avait hérité du stand voisin. Il avait misé sur la simplicité : les parois étaient peintes en blanc, et il y avait accroché quelques vieilles photos d'artisans boulangers devant leur fournil, ainsi que des clichés de marchés africains. Présentées dans des plats en terre, ses créations reposaient sur de simples étagères en bois brut. Leurs couleurs égayaient l'ensemble : salades bigarrées ou en camaïeu, tourtes dorées, gâteaux nappés de coulis de fraise ou ornés de tranches d'ananas…

Comme il était en grande discussion avec le patron de Benny's, il se contenta de m'adresser un petit signe amical de la main.

Un peu frustrée, je regagnai mon stand en accélérant le pas devant celui de Patricia Kendall qui y avait pendu un squelette grimaçant en témoignage de son amour pour la médecine !

Je travaillai jusqu'à 10 heures du soir. Maman vint me chercher et me donna un ultime coup de main.

J'étais littéralement épuisée et, rentrée à la maison, je montai directement me coucher.

L'exposition ouvrait le lendemain à 15 heures : j'avais juste le temps de reprendre des forces.

Je venais à peine de m'endormir quand maman me réveilla.

– Jenny, ma petite fille, dit-elle d'une voix blanche, une très mauvaise nouvelle…

Chapitre 18

Le proviseur du lycée venait de lui téléphoner : des voyous avaient pénétré dans l'établissement avec l'intention de tout casser. Le gardien avait réussi à les faire déguerpir, mais ils avaient eu le temps d'entrer dans le gymnase et d'esquinter les stands nos 17 et 18 : celui de Patricia Kendall et le mien.

Je m'habillai en quatrième vitesse et je rejoignis maman au salon. Cliff se trouvait

là aussi, pieds nus et les cheveux en bataille.
– Je viens avec vous ! décida-t-il.
L'avoir à mes côtés me réconforta.
Le proviseur nous attendait devant la porte du lycée. Jamais je ne l'avais vu dans une tenue aussi débraillée : en pantoufles, la chemise sortant du pantalon... Il faisait grise mine.
– Je suis désolé, vraiment désolé, dit-il en s'adressant à maman. C'est le premier incident de ce genre dans mon établissement... un endroit où nous avons tellement à cœur de faire respecter l'ordre !
Patricia Kendall et ses parents arrivèrent peu après. Le proviseur se dirigea vers le gymnase et nous lui emboîtâmes le pas.
Le lycée baignait dans l'obscurité et notre petite troupe avait l'air de suivre un enterrement. La main de Cliff se glissa dans la mienne.
Les vandales avaient arraché l'un des panneaux de la porte du gymnase. Nous mesurâmes les dégâts : nos deux stands étaient défoncés ; le fauteuil où devaient s'installer mes modèles avait été lacéré, les crèmes maculaient le sol ; les planches d'anatomie

qui décoraient le stand de Patricia étaient déchirées, le squelette avait été fracassé et ses os étaient éparpillés à trois mètres à la ronde. Seule la tête au sourire grimaçant demeurait accrochée au plafond, agitée par un vague mouvement de balancier.
Quelqu'un poussa un cri, et moi, j'éclatai en sanglots.
Maman me prit dans ses bras.
– Ne pleure pas, mon petit lapin, chuchota-t-elle en me serrant très fort. Je te promets que tout va s'arranger. L'exposition sera reportée et tu auras amplement le temps de faire un stand dix fois plus beau…
Dans son dos, le proviseur, embarrassé, toussota :
– Hélas ! Madame April, reculer l'exposition s'avère strictement impossible. Les membres du jury viennent des quatre coins du pays et ils ont un agenda très chargé. La ville a organisé leur voyage, retenu les chambres d'hôtel pour leur séjour… Pas question de remettre !
– Mais il vous est parfaitement égal que le travail de nos enfants soit annulé d'emblée, on dirait ! s'indigna maman avec aigreur.
– Allons, ne vous fâchez pas, rétorqua le

proviseur. En mon nom et au nom de la ville, je m'engage à prendre en charge tous les frais de restauration des stands. Voilà, vous êtes rassurés ?

– Absolument pas, tonna le père de Patricia. Comment voulez-vous que, d'ici demain après-midi, les enfants aient le temps de refaire un stand qu'ils avaient mis trois jours à construire ? Et la petite Jenny, comment comptez-vous remplacer tous ses produits perdus ?

Le proviseur n'avait visiblement pas de réponse, alors il se tourna vers Patricia et moi :

– Écoutez, mesdemoiselles, je pense que cette épreuve aura un effet formateur. Vous êtes au pied du mur, sachez faire preuve de courage et relever le défi. À titre tout à fait exceptionnel, je vous laisse disposer du gymnase pendant le reste de la nuit et toute la matinée de demain. Et je vais demander aux femmes de service de venir procéder au nettoyage.

Il nous adressa un petit salut et tourna les talons.

Nous étions tous effondrés.

Cliff s'approcha alors du lieu du désastre. Il

commença par ramasser quelques clous tordus. Puis il alla chercher les outils qu'il avait laissés sur son stand et se mit au travail. Sans un mot, les autres en firent autant. Après avoir ramassé le matériel à peu près intact, nous nous lançâmes dans le rafistolage.

Le père de Patricia, qui s'était éclipsé, revint de son atelier muni de six belles planches toutes neuves et d'un rouleau de papier adhésif vert avec lesquels il entreprit de dissimuler les parties les plus endommagées. Notre moral remonta en flèche et nous avions vraiment le cœur à l'ouvrage !

Plus question de concurrence : liées par le malheur, Patricia et moi avons partagé équitablement les matériaux et travaillé sur les deux stands en même temps.

Vers 4 heures du matin, tout était à peu près réparé. Maman proposa d'aller se reposer un peu avant de refaire la décoration.

En partant, je jetai un coup d'œil en arrière : malgré tous nos efforts, les stands ressemblaient à deux épaves. Mais j'étais si fatiguée que cela ne me chagrina même pas.

À 8 heures, Cliff vint me réveiller. Retour

au lycée. Maman et Mamy m'y avaient précédée. En entrant dans le gymnase, j'eus un grand coup au cœur : accroupies devant mon stand, elles l'entouraient de jardinières remplies de fleurs de tournesol.
– C'est splendide !
Je me jetai à leur cou :
– On dirait que le soleil est tombé dans le gymnase. Mais pas n'importe où ; là, juste à ma place !
Je m'emparai de tous mes pauvres pots, pour les nettoyer et recoller les étiquettes. Nombre de produits n'étaient pas récupérables, mais Mamy avait pensé à apporter tous ses merveilleux savons au thym et à la camomille. Ils compenseraient.
Pendant ce temps-là, Cliff recopiait sur des grandes feuilles de papier à dessin les recettes de mes crèmes et lotions. Affichées sur la paroi, elles remplaceraient les photos déchirées par les voyous. En voyant le résultat, je poussai un cri d'admiration : au lieu de reprendre tout bonnement les explications et les dosages, il avait retranscrit mes recettes sous la forme de bandes dessinées ! Quelle idée géniale !
Patricia aussi eut une heureuse surprise : un

médecin de la ville, qui avait appris la nouvelle du saccage par la radio, vint en personne jusqu'au lycée pour lui apporter le squelette dont il s'était servi pendant ses études.

À partir de 13 heures, les autres candidats arrivèrent. Jocelyn et Tina me rejoignirent à 13 h 30, comme promis. À 13 h 55, nous étions tous à pied d'œuvre. À 14 heures, le proviseur ouvrit les portes en grand... et le raz de marée déferla.

Comment se déroulèrent l'après-midi et le jour suivant, je serais incapable de le dire. Je n'arrêtai pas d'enduire et d'enduire encore mes malheureux mannequins, de répondre aux questions, de sourire, de prodiguer des conseils, de distribuer des prospectus, de donner des savons... Je parlais sans relâche (un perroquet mécanique !), sans prendre le temps de voir personne.

Soudain, une voix s'éleva, un rien autoritaire :

– J'achète tous les pots de crème restants. Inutile de les emballer, j'enverrai les chercher !

J'étais en train de traiter les cheveux de Jocelyn et, sans me retourner, je répondis :

– Vous n'êtes pas dans un magasin, Monsieur, et ces produits ne sont pas à vendre. Les échantillons sont offerts aux personnes intéressées par mes recherches.
– Jenny…, reprit la voix.
Je tressaillis. Ciel ! Le Prince charmant de ces dames ! Dans le brouhaha, je ne l'avais pas reconnu !
– On dirait que tu as décidé d'être systématiquement désagréable avec moi, grommela-t-il. Cette fois-ci, j'abandonne.
Je ne pus m'empêcher de me retourner et je vis le dos de Benjamin Osborne qui s'éloignait dans la foule et qui disparut. Définitivement.

Le dimanche midi, maman, Ellen et Russell m'alimentèrent de sandwichs avant de faire la tournée des autres stands.
De temps à autre, j'essayais de capter le regard de Cliff, mais son stand attirait beaucoup de monde ; il paraissait débordé et ne me jetait pas un coup d'œil.
En fin d'après-midi j'avais l'impression d'être devenue une machine et je n'arrêtais plus de surveiller la pendule. Je n'en pouvais plus. Les gens prenaient un malin

plaisir à s'attarder; ils traînaient dans les allées. Moi, je ne souhaitais plus qu'une seule chose : qu'ils s'en aillent tous, vite ! Devant les portes, deux employés de la ville recueillaient les bulletins de vote et dirigeaient gentiment les visiteurs vers la sortie.

L'exposition se termina à 17 heures. Après la clôture, le jury devait procéder au dépouillement des votes et prononcer son verdict. Le résultat serait annoncé à 20 heures.

Encore trois heures à attendre !

Chapitre 19

Les organisateurs du concours avaient prévu un repas pour les candidats.
On posa un grand plateau sur des tréteaux au fond du gymnase et on le couvrit d'une nappe rouge.
Si la vaisselle était celle de la cantine, les plats, eux, préparés par un traiteur italien, n'avaient rien à voir avec les menus habituels du lycée. Pourtant, même s'ils pre-

naient part à un banquet, les convives se regardaient en chiens de faïence. Parmi les vingt personnes présentes, qui était le gagnant… et les dix-neuf perdants ?

Notre sort se décidait pendant que nous étions censés nous restaurer, et cette idée nous coupait sérieusement l'appétit.

Je m'éclipsai avant les desserts. L'atmosphère du gymnase était étouffante et j'avais besoin de me dépenser.

J'effectuai le tour du pâté de maisons en petite foulée, puis, bien échauffée, je sprintai comme une vraie championne, pulvérisant mes propres records sur le cent mètres, et peut-être même le record du monde, qui sait ? Je revins vers le lycée, hors d'haleine et le feu aux joues.

Cliff était adossé à la porte, seul. Je crois qu'il m'attendait.

– Comment tu te sens ? me demanda-t-il l'air inquiet.

– Épuisée, tendue, prête à éclater ! À part ça, tout va bien. Et toi ?

– Pareil. En fait, je ne pense même plus au résultat. Je n'ai qu'une idée en tête : quand vais-je pouvoir piquer une tête dans l'océan ?

– Dans dix-sept minutes exactement, répondis-je en regardant ma montre. Et, tu sais, j'aimerais beaucoup être de la partie !
Cliff sourit :
– Tu es cordialement invitée. Rendez-vous sur la plage dans dix-sept minutes. Quoi qu'il arrive !
Nous regagnâmes le gymnase. Les jurés étaient en train de s'installer. Au moment où l'un d'eux dépliait une feuille de papier en se raclant la gorge, le proviseur se précipita sur lui en faisant de grands gestes. Et, lui subtilisant le papier, il se plaça au premier rang.
– Chers amis, chers enfants, lança-t-il avec emphase. C'est un honneur pour notre petite ville d'accueillir des personnes aussi éminentes que les jurés ici présents. Je suis fier d'avoir modestement contribué au succès de la manifestation qui nous réunit aujourd'hui et je tiens à féliciter tous les candidats pour leurs efforts. Mais mes vœux se portent plus particulièrement sur l'heureux gagnant de ce concours qui est…
Vingt personnes avaient cessé de respirer. Faisant durer le suspense, le proviseur chaussa ses lunettes et rapprocha le papier de son nez.

– … l’heureux gagnant, reprit-il d’une voix éclatante, qui est… Mademoiselle… Joann Joyce !

Là, ce fut une belle pagaille ! Certains candidats hurlèrent des bravos ; d’autres s’écroulèrent.

Joann resta toute droite, pétrifiée. Puis elle sourit, les joues toutes roses, tandis que des larmes de joie coulaient doucement sur son visage. Je courus vers elle, et nous nous jetâmes dans les bras l’une de l’autre. Pour moi, c’était la plus belle des victoires, comme si j’avais gagné. Non, beaucoup mieux que si j’avais gagné !

Le proviseur nous sépara en lui tapotant gentiment l’épaule :

– Mademoiselle Joyce, je comprends votre émotion, mais il vous faut, sans plus attendre, rejoindre les jurés afin de recevoir votre récompense.

Mon rôle s’arrêtait là. À Joann les félicitations, les honneurs et les bravos ! Attrapant mon chandail au vol, je filai à l’anglaise. Cliff m’attendait déjà sur la plage. Le soir commençait à tomber et son tee-shirt blanc se détachait sur les flots sombres.

– Tu n’es pas trop déçu ? criai-je dès que je l’aperçus.

– Déçu d'avoir perdu… ?
Les mains derrière le dos, il s'approcha de moi.
– J'ai tout gagné, au contraire, puisque j'ai découvert ce qui m'intéresse vraiment, me dit-il. Bien sûr, je regrette que tu n'aies pas remporté la victoire, toi. Parce que…
On était face à face maintenant, et il ajouta tout bas :
–… pour moi, Jenny, tu es vraiment la meilleure. Et comme on offre toujours des fleurs au vainqueur…
Il me tendit, alors, avec cérémonie, ce qu'il cachait derrière son dos : deux tournesols chipés sur mon stand et quelques algues… Pour composer ce qui ressemblait, assez vaguement, il faut le dire, à un bouquet, il avait dû foncer jusqu'à la plage comme un fou ! Je ne trouvai rien à dire : j'étais trop émue. J'attrapai Cliff par le cou et il posa un baiser léger sur mes lèvres.
Puis s'échappant brusquement vers le rivage, il me lança un défi de plus :
– T'es pas cap' de te baigner tout habillée, Jenny !
Quoi ? Pas cap' moi ? Je fus la première à me jeter à l'eau. Il me rattrapa par la taille.

Je me serrai contre lui. Et on resta là, tous les deux, à barboter sous la clarté des étoiles.

Épilogue

Ellen parle avec maman dans le couloir et leurs voix me ramènent brutalement à la réalité. Qu'est-ce que je vais prendre ! J'avais deux heures pour ranger ma chambre et je n'ai rien fait...
Aujourd'hui, deux des personnages essentiels de mon histoire ont quitté Sandcastle. Joann vit maintenant à Los Angeles (avec sa mère) et elle a commencé des études artistiques. Elle réussit très bien. À Noël,

j'ai passé une semaine chez elle. En la revoyant, j'ai été époustouflée : elle a pris énormément d'assurance et s'est même transformée physiquement. On dirait un papillon enfin sorti de sa chrysalide.

Quant à Cliff… il a rejoint son père plus tôt que prévu, celui-ci ayant retrouvé un travail intéressant à Philadelphie. Finalement, j'aurais donné n'importe quoi pour qu'il reste à la maison.

Mais il était tellement heureux de ces retrouvailles que je n'ai même pas osé lui dire combien il allait me manquer.

Moi qui détestais écrire, avant, je lui envoie au moins une longue lettre par semaine. Et le plus surprenant, c'est qu'il me répond ! On se parle de tout, de rien, de nos vies, quoi ! Et de nous.

Ça doit être marrant, cette existence entre hommes… ! J'aimerais bien être une petite souris pour les épier, tous les deux. Mais dans vingt-huit jours très exactement (je les compte, bien sûr), Cliff revient à Sandcastle pour les vacances d'été. Cette fois, je suis d'accord pour lui prêter mon labo !

L'intrus… le garçon que je n'attendais pas… je n'attends plus que lui, au fond ! Et comment aurais-je le courage de ranger tous « nos » souvenirs ? Impossible !

Je suis toujours assise par terre, le pot de pommade, les bandes dessinées, les fleurs de tournesol, les tubes de métal et le faux ongle éparpillés sur le tapis quand maman ouvre la porte :

– Où en es-tu, Jenny ?

Au lieu de se fâcher, elle se met à rire :

– Allez, on remet tout dans le carton… et on le glisse sous ton lit !

FIN

EXTRAIT

Et pour rêver encore,
lis cet extrait
de

C'EST LE VENT, BETTY

de Alex Sadovsky

Chapitre 17

DE LA PROFONDEUR D'UN GOUFFRE

Un orage a éclaté le lendemain. Un orage violent avec de la grêle, de la tempête, toute la colère des dieux. Le mauvais temps a duré plusieurs jours.

Un soir, j'ai eu Betty au téléphone. Nous avons parlé.

– Plus la fin du mois se rapproche, plus j'ai peur, Hugo.

– Moi aussi, j'arrive pas à me faire à cette idée.

– Il faudrait arrêter le monde, repartir à zéro.

EXTRAIT

– Oublier les contraintes, ne faire que ce qu'on a envie.
– Oui, a-t-elle murmuré, ça serait si facile à ce moment-là !
Il y a eu un silence, profond comme un gouffre ; puis elle a repris :
– C'est le temps, il ronge l'amour, comme de l'acide. Ça ressemble à une déchirure.
– C'est un assassin, Betty, mais promets-moi qu'on ne mourra pas, que tu ne m'oublieras jamais.
– Je te le jure, aussi longtemps que je vivrai.
– Je t'aime.

Cœur Grenadine

PASSION DE LIRE

301. MON DOUBLE ET MOI
302. LE SECRET DU ROCKER
303. UN GARÇON DANS LE DÉSERT
304. LA FILLE SUR LE PLONGEOIR
305. UN DUO D'ENFER
306. DESTINATION SIDNEY
307. ÉCHEC ET... MATHS
308. RÊVES D'HIVER
309. PETITE SŒUR
310. UNE FILLE EN TROP
311. UNE ANNÉE EN GRIS ET BLEU
312. EN ATTENDANT L'AUTOMNE
313. NE ME DITES JAMAIS « JE T'AIME »
314. MENTEUSE !
315. BLEU COMME LA NUIT
316. MUSIQUES À CŒUR
317. C'EST MOI QUI DÉCIDE
318. LE GARÇON QUE JE N'ATTENDAIS PAS
319. C'EST LE VENT BETTY

Impression réalisée sur CAMERON
par BRODARD ET TAUPIN
La Flèche
en avril 2000

Imprimé en France
Dépôt légal : juillet 1999
N° d'Éditeur : 6133 – N° d'impression : 2237